Le professeur d
- Qui peut me do
qui ne construit pas de nid ?

Une élève répond :

- Le coucou, maître.

- Oui, très bien. Et pourquoi ne construit-il pas de nid ?

- Parce qu'il vit dans une horloge !

À l'école, l'institutrice interroge Léa :
- Léa, tu vends des fruits et légumes. Si je t'achète deux melons à 2 euros, une salade à 50 centimes, et un kilo de pommes de terre à 1 euro, combien je te dois ?
Léa réfléchit un instant et dit :
- Oh, ne vous inquiétez pas, maîtresse, vous me paierez demain !

- Maman, dit Julien, sais-tu comment on appelle un endroit où tout le monde dort et où une seule personne parle ?
- Euh… non ?
- L'école !

La maîtresse fait l'appel :
- Warren ?
- Présent, maîtresse !
- Maëlle ?
- Présente, maîtresse !
- Stéphy ?
- Absente, maîtresse.
- Lucas ?
- … euh… je ne sais plus ce que je suis, maîtresse.

La maîtresse demande :
- Vous avez 4 euros dans votre poche. Vous en perdez 2. Qu'avez-vous dans votre poche ?
Marie lève la main.
- Un trou, maîtresse !

Un élève se penche sur la copie d'un copain.

- C'est marrant, tu as exactement la même écriture que moi !
- C'est normal, je t'ai emprunté ton stylo !

- Nicolas, conjugue-moi le verbe manger à la première personne du singulier, au passé, présent et au futur.
- J'ai mangé... je mange... et... j'ai plus faim !

Le maître demande à un élève :

- Tu sais ce que c'est qu'un kangourou ?
- Oui, c'est un animal qui a une poche sur le ventre, et quand il a peur, hop, il saute dans sa poche pour se cacher !

Un maître d'école donne à ses élèves le sujet de rédaction suivant : « Si j'étais un grand chef d'entreprise, je pourrais faire... Inventez la suite. »

Tous les enfants se mettent à écrire, sauf un.
Le maître s'approche :
- Pourquoi est-ce que tu n'écris pas ? Tu n'as pas d'idées de ce que tu pourrais faire si tu étais un grand chef d'entreprise ?
- Si, bien sûr, maître. C'est juste que j'attends ma secrétaire...

- Mélanie, peux-tu conjuguer le verbe « voler » au futur ?
- J'irai en prison, tu iras en prison, il ira en prison...

- J'ai fait une bonne action aujourd'hui à l'école !
- Ah oui ?
- Oui ! Julien avait mis des punaises sur la chaise de la maîtresse, alors je lui ai enlevé la chaise juste au moment où elle s'asseyait !

Le maître demande à Alexina :
- Quand je dis : « Demain il neigera », c'est quel temps ?
- C'est l'hiver !

La maîtresse explique :
- Les animaux ont des poils pour se protéger du froid. C'est pour ça qu'ils ne portent pas de vêtements.
- C'est pas vrai ! Mon papa, il a des poils partout et il met quand même des habits !

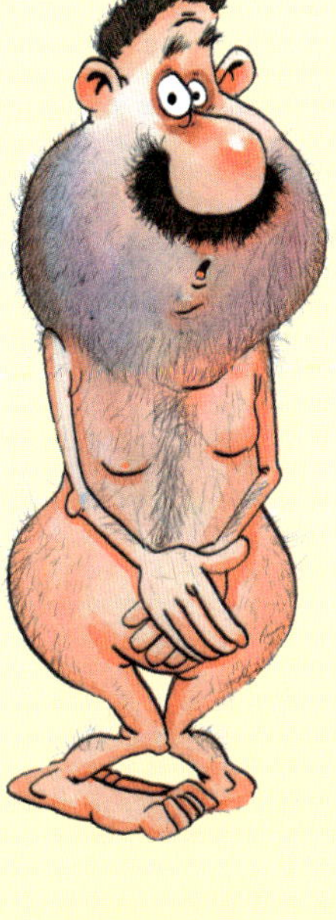

Alexis rentre de l'école.

- Je déteste l'anglais, je déteste l'anglais, je déteste l'anglais !!!
- Allons, Alexis, c'est important d'apprendre l'anglais, tu sais. Plus de la moitié des habitants de notre planète parlent anglais aujourd'hui.
- Ah ouais ? Eh bien, justement : ils sont bien assez nombreux comme ça !

Le maître demande :

- D'après vous, est-ce qu'on peut réellement prédire le futur en regardant les étoiles ?

Un élève lève la main.

- En regardant les étoiles, je ne sais pas. Mais il suffit que ma mère regarde mes notes sur mon livret pour qu'elle prédise exactement ce qui arrivera quand mon père rentrera à la maison...

- Tu vas à l'école, maintenant que tu es grand ?
- Oui, oui.
- Et tu aimes y aller ?
- Oui, j'aime bien y aller. J'aime bien en repartir aussi. C'est ce qu'il y a entre les deux que je n'aime pas trop...

La maîtresse demande :
- Si tu avais six biscuits, et que tu doives en donner la moitié à Aurélie, combien te resterait-il de biscuits ?
- Six !
- Mais non, voyons, tu n'as pas réfléchi !
- Si, j'ai réfléchi : il n'est pas question que je donne des biscuits à Aurélie !!!

- Jérémy, pourquoi est-ce que tu n'as pas fait tes devoirs ???
- Euh... maître, je me suis battu avec un autre élève.
- Ah oui ? Et c'est une excuse pour ne pas faire ses devoirs ?
- C'est-à-dire que je me suis battu avec lui parce qu'il disait que vous n'étiez pas le meilleur maître de l'école, le plus gentil et le moins sévère et le plus cool et...

- Bamba, si 1+1=2 et que 2+2=4, combien font 4+4 ?
- Hé, c'est pas juste ! Vous répondez aux questions faciles et vous nous laissez les plus dures !

La maîtresse se fâche.
- Maëlle, arrête de parler sans cesse !
- Mais, maîtresse, je ne parle pas,
j'ai juste beaucoup de choses à dire,
c'est tout !

- Alors, Laura, qu'est-ce que tu as
appris à l'école cette année ?
- J'ai appris à parler à ma voisine
sans remuer les lèvres !

- Samy, combien font 2+2 ?
- 4, maître.
- C'est bien.
- BIEN ??? BIEN ??? Mais non !
C'est EXCELLENT !!!

Le maître à ses élèves :
- Notez dans vos cahiers : « Il y a 206 os dans le corps humain. »
Un élève sursaute.
- Waw, il ne faut surtout pas que mon chien apprenne ça !

- Alors, comment la maîtresse a trouvé tes devoirs ?
- Elle a été douce comme un agneau.
- Ah oui ?
- Oui. Elle a regardé ma feuille, elle a fait une grimace et elle a dit « Bêêêêêêêêhhhh ! »

Le maître demande :
- Quel est le pluriel de « un cheval » ?
- Des chevaux !
- Très bien. Quel est le pluriel de « un bébé » ?
- Des jumeaux !

Le maître se désespère de la coiffure d'un de ses élèves :

- Comment se fait-il que tu ne te peignes jamais avant de venir à l'école ?
- Pas de peigne, maître.
- Alors emprunte celui de ton papa !
- Pas de cheveux, maître !

Le père en colère :

- Non mais, tu as vu tes notes, Maxence ! C'est lamentable. Je voudrais bien savoir si ton copain Adrien rentre chez lui avec des 0 et des 5 sur 20 sur son carnet de notes !
- Non, mais lui c'est différent, ses parents sont intelligents...

Le maître demande :
- Les enfants, savez-vous ce qu'est un volcan ?
Un élève lève la main.
- Oui, je sais : un volcan, c'est une grosse montagne qui a le hoquet !

Le maître écrit au tableau : « Je ne m'ai pas amusé depuis 6 mois. » Puis il demande :
- Comment dois-je corriger cette phrase ?
Théo lève la main.
- Vous pourriez aller au cinéma avec des copains ?

Un géant de 10 ans rentre de l'école avec un bulletin de notes lamentable.
Son père se fâche très fort :
- Dès que j'ai retrouvé l'échelle, je te tire les oreilles !

Mathias rentre de l'école en pleurant.
- Que se passe-t-il ? demande sa mère.
- Je me suis blessé le pied en jouant au foot ce matin.
- Ce matin ? Et tu pleures maintenant ?
- Je n'avais pas le temps
de pleurer à l'école,
je jouais au foot !!!

En classe, le maître fait une leçon d'histoire :
- Nous avons donc vu que notre pays était dirigé par un roi de droit divin. Mais, pour l'Église du Moyen Âge, il existait un pouvoir plus fort encore que celui des rois et des reines. Savez-vous quel était ce pouvoir ?
Un élève lève timidement la main.
- Les As ?

La maîtresse pose une question :
- Denis, explique-moi comment tu fais pour trouver le résultat de 140 divisé par 10 ?
- Facile, maîtresse : je demande à quelqu'un de bon en maths !

La maîtresse demande :
- Savez-vous quel légume peut faire pleurer ?
Un élève lève la main.
- Les haricots verts ! Chaque fois que ma mère m'en donne, je pleure pour ne pas les manger !

- Luna, est-ce que tu peux compter jusqu'à 20 ?
- Euh... non, maîtresse... Si je compte deux fois jusqu'à 10, est-ce que ça vous va ?

- Est-ce que tu as aimé ton premier jour d'école ?
- Premier jour !!! Tu veux dire que je dois y retourner demain !!!?

La maîtresse se fâche :
- Adrien, tu ne t'es pas brossé les dents ! On peut encore voir les morceaux de la salade que tu as mangée hier !
- Non, maîtresse, c'est avant-hier que j'ai mangé de la salade !

Le maître explique :
- Le président américain George Washington, lorsqu'il était enfant, a coupé le cerisier préféré de son père. Son père était très fâché, mais, quand le petit George a reconnu que c'était bien lui qui avait fait cette bêtise, et coupé l'arbre, son père ne l'a pas puni. Savez-vous pourquoi ?

Tom lève la main.
- C'est parce que le petit George avait toujours la hache dans les mains ?

Une maîtresse apprend à ses élèves comment porter secours à des personnes blessées en cas d'accident :
- Bon, Émilie, si tu voyais un de tes amis chuter de son vélo, et se relever avec les genoux qui saignent, qu'est-ce que tu ferais ?
- Je crois que je m'évanouirais, maîtresse !

Un maître essaie de mieux connaître ses nouveaux élèves le premier jour de classe.

- Et toi, Sophie, ton papa fait quoi dans la vie ?
- Il fait ce que maman lui demande de faire !

Un garçon arrive à l'école avec un œil au beurre noir.

- Qu'est-ce qui t'est arrivé ? demande un copain.
- J'ai mangé des bonbons.
- N'importe quoi, manger des bonbons, ça donne pas un œil au beurre noir !
- Si. Surtout si les bonbons appartiennent à ta grande sœur...

C'est la rentrée des classes. Baptiste rentre de l'école et dit à sa maman :
- Tu sais, maman, le premier jour d'école, ce ne serait pas si nul s'il n'était pas suivi du deuxième jour d'école, du troisième jour d'école, du quatrième jour d'école...

La maîtresse demande :
- Rémi, combien y a-t-il de lettres dans l'alphabet ?
- Huit lettres, maîtresse.
- Comment ça, huit lettres ?
- Bah oui : A-L-P-H-A-B-E-T, ça fait huit !

Un gamin rentre de l'école, s'affale dans le canapé et allume la télé. Il appelle sa mère.

- Maman, donne-moi du chocolat avant que ça commence.

La maman apporte un morceau de chocolat, que le gamin grignote. Dix minutes plus tard, il dit :

- Maman, donne-moi encore du chocolat avant que ça commence.

La mère se met à grommeler, mais elle apporte un nouveau morceau.

Encore dix minutes, et le gamin appelle :

- Maman ! Donne-moi encore du chocolat avant que ça commence !

Cette fois, la mère se fâche.

- Non mais, tu ne crois pas que tu as déjà mangé beaucoup de chocolat ? Et tu ne dis pas s'il te plaît, ni merci ? Et tu ne fais pas tes devoirs ?

Et là, le gamin lève les yeux au ciel et grogne :

- Ça y est, ça commence...

La maîtresse se fâche après Yohan qui ne fait jamais ses devoirs.
- Ce n'est pas possible, Yohan ! Lundi, tu me dis que tu n'as pas ton devoir parce que le chien l'a mangé. Mardi, tu m'expliques que tu n'as pas appris tes leçons parce que le chien les a mangées. Jeudi, tu viens à l'école sans tes affaires et tu me racontes que le chien les a mangées ! Et je t'ai bien dit jeudi soir que je voulais voir tes parents vendredi soir ! On est samedi matin, et ils ne sont pas venus !

- Euh... ils n'ont pas pu venir, maîtresse.
- Et pourquoi !?
- Parce que... parce que le chien les a mangés !

- Maman, je n'arrive pas à faire le problème que la maîtresse nous a donné pour les devoirs.
- Mais enfin, chéri, un enfant de 5 ans saurait le faire !
- Ah oui ? C'est pour ça que je n'y arrive pas : j'ai 7 ans !

La maîtresse se fâche :

- Leïla, ça fait dix minutes que nous avons commencé ces exercices de calcul, et tu n'as toujours rien écrit dans ton cahier !!!

- Ne vous fâchez pas, maîtresse, c'est normal : je fais du calcul mental, moi !

La maîtresse demande :

- Et toi, Jérémy, tu fais quoi pendant les vacances ?

- Euh... je ne sais pas, maîtresse. Je crois que je ne fais rien...

- Bon, eh bien ça ne te changera pas trop de l'école, alors...

Lilas n'est pas venue à l'école depuis une semaine. La maîtresse lui demande :

- Lilas, tu étais malade ?
- Non, maîtresse.
- Mais alors... pourquoi es-tu restée absente aussi longtemps ?
- Eh bien, je me suis dit qu'avec tous ceux qui étaient malades dans la classe, je n'allais pas risquer d'attraper un rhume en venant à l'école !

La maîtresse demande :

- Alors, Jérémy, tu t'es bien reposé pendant les vacances ?
- Non, pas tellement, maîtresse, mais c'est pas grave, je me reposerai à l'école !

Au retour des vacances, la maîtresse demande à un élève :

- Alors, où es-tu allé en vacances ?
- Je suis allé au Danemark !
- Oh, c'est très bien ! Est-ce que tu peux aller me l'écrire au tableau ?
- Euh... finalement, non, je suis allé aux U.S.A...

Devinette : Pourquoi le maître a-t-il écrit sa leçon sur une fenêtre de la classe ?

(Parce qu'il voulait que la leçon soit vraiment très claire !)

Le maître demande :
- Les enfants, est-ce que vous savez à quelle température bout l'eau ?
Aucun élève ne propose de réponse.
- Personne ne répond? Bon. L'eau bout à 90 degrés, notez-le sur vos cahiers. Un élève lève timidement la main.
- Je m'excuse, maître, mais je crois que l'eau bout à 100 degrés...
Le maître vérifie dans le dictionnaire.
- Oups ! Tu as raison ! C'est l'angle droit qui bout à 90 degrés, j'ai confondu !

Un très mauvais élève explique ses difficultés au maître.
- Je suis désolé, maître, je n'arrive vraiment pas à écouter en classe. C'est comme si tout ce que vous disiez entrait dans mes deux oreilles et ressortait par l'autre.
- Mais ce n'est pas possible, si ça entre dans tes deux oreilles, ça doit forcément rester dans ta tête, tu n'as pas trois oreilles !
- Vous voyez, maître : je suis aussi complètement nul en maths !

Mehdi rentre de l'école. Il rencontre un copain qui joue aux billes.

- Tu vas poser ton cartable chez toi, et tu reviens jouer avec moi ?

Mehdi soupire :

- Impossible, il faut que je rentre pour aider papa à faire mes devoirs...

Le maître demande à Anaïs :

- Qu'est-ce qui est le plus près, l'Australie ou la lune ?
- Trop facile : la lune, bien sûr !

Le maître est étonné :

- Comment peux-tu penser ça ?
- La lune, on peut la voir d'ici, mais l'Australie, non !

Un écolier raconte à ses parents :

- On a fait un exposé en classe, sur le thème : « Le métier de mon père ». Ça m'inspirait et je me suis dit que mon texte serait sûrement le meilleur et que la maîtresse me mettrait la meilleure note.
- Alors, dit la mère, tu as raconté le travail de chercheur en mathématiques de papa ?
- Heu... non. Pour impressionner les copains, j'ai raconté qu'il conduisait une voiture de pompiers...

La maîtresse demande :

- De quelle couleur est cette balle, Thomas ?
- Elle est bleue...
- Et celle-ci ?
- Bah... elle est verte.
- Et celle-là ?
- Elle est jaune... Mais tu connais pas tes couleurs, maîtresse, ou quoi ?

Ma petite fille est tellement intelligente que, même si elle est juste en deuxième année, elle peut dire son nom dans les deux sens !
- Ah oui, et quel est-il, son nom ?
- Anna !

La maîtresse n'est pas contente.
- Dis donc, Thomas, ton travail de recherche sur les chiens est exactement le même que celui de ta sœur !
- Ben forcément, madame, on a le même chien !

Quelle est la différence entre un dentiste et le maître d'école ?

(Le dentiste vous demande d'ouvrir la bouche et le maître de la fermer.)

Ce matin, le maître est fâché contre Hugo, qui vient encore de faire une bêtise dans la classe. Il pointe sa grande règle sur Hugo et dit :

- Au bout de cette règle, il y a un imbécile !

Et Hugo répond :

- À quel bout, maître ?

Un enfant rentre de l'école très fâché.

- Maman, c'est fini ! Je ne retournerai pas à l'école parce qu'à l'école on ne m'apprend que des choses que je ne sais pas !

Un maître explique à ses élèves :
- Dans la vie, ce qu'il faut, c'est poser des questions au bon moment.
Alors, Mathieu lève la main :
- Pourquoi ?

En classe :
- Olivier, donne-moi le nom d'un liquide qui ne gèle pas.
- Euh… l'eau chaude ?

Cédric revient de l'école avec des habits troués.
Sa maman lui demande :
- Que s'est-il passé !?
- Eh bien, voilà : on a joué à l'épicier et à la marchande.
- Je ne vois pas le rapport avec les trous ! dit la maman.
- Si, c'était moi qui jouais le gruyère.

Après avoir étudié l'histoire de l'évolution des hommes préhistoriques à l'école, Élisa dit à son frère :

- Tu sais, avant, papa et maman étaient des singes !

La maîtresse rend les devoirs de français à ses élèves.

- Je suis très impressionnée par ton devoir, Louise... Ton père ne t'a pas aidée du tout ?

- Non, non, maîtresse, papa n'était pas encore rentré quand je faisais mes devoirs.

- Dans ce cas, félicitations, c'est un excellent travail !

- Merci, mais ça ne m'étonne pas, maman est super-forte en français !

La maîtresse demande aux élèves :

- Quel est le meilleur moment pour cueillir les cerises ?

Romain lève le doigt :

- Quand le chien de la voisine est attaché, madame !

Des écoliers visitent un musée. L'un d'eux, fatigué de piétiner devant les œuvres, s'assied dans un fauteuil.

Le gardien arrive en courant :

- Jeune homme, levez-vous immédiatement, vous êtes assis dans le fauteuil du roi Arthur !

- Oh, ne vous inquiétez pas, m'sieur, dès qu'il revient, je lui rends sa place !

Un professeur s'étonne des mauvais résultats d'un de ses élèves.
- Je ne comprends pas : l'année dernière, tu étais un des premiers en maths et maintenant tu n'as même pas la moyenne. Que se passe-t-il ?
- Papa n'arrive plus à suivre.

Le directeur de l'école n'est pas content.
- Le maître me dit que c'est toi qui as cassé la vitre de la classe, Rémi.
- Non, c'est pas vrai ! C'est Nicolas, il s'est baissé quand je lui ai lancé le ballon !

- Adeline, toi qui es allée en Angleterre cet été, dis-nous comment s'appellent les habitants de ce pays ?

- Je ne peux pas, je ne les connais pas tous !

- Alors, les enfants, nous avons vu qu'en dessous du litre, il y avait le millilitre, le centilitre et le décilitre. Est-ce que quelqu'un sait ce qu'il y a AU-DESSUS du litre ?

- Euh... le bouchon ?

Dans la cour de l'école :

- Moi, quand j'aurai fini l'école, je serai pilote de course !
- Moi, quand j'aurai fini l'école, je serai champion de foot !
- Et toi, Rémi, qu'est-ce que tu seras quand tu auras fini l'école ?

Rémi réfléchit un instant et s'écrie :

- Moi, quand j'aurai fini l'école, je serai… supercontent !

Annie étudie les nombres négatifs à l'école.

Le soir, elle demande à son père de lui expliquer, parce qu'elle n'a pas tout compris. Le père :

- Bon ! Écoute, Annie, imagine quatre personnes dans un autobus. Si, à l'arrêt suivant, huit personnes descendent, il faut alors qu'il y en ait quatre autres qui montent pour qu'il n'y ait plus personne dans le bus…

Un directeur entre dans la cour de récréation de son école et voit de nombreux élèves avec des vêtements abîmés et des égratignures sur les mains et le visage.

Étonné, il s'approche de l'un d'eux :

- Pourquoi êtes-vous tous dans cet état ?

Le garçon répond :

- C'est la fille, là-bas !

Furieux, le directeur s'approche de la fillette, qui a l'air plutôt sage.

Le directeur l'interroge :

- Qu'as-tu fait à tous ces garçons pour qu'ils soient dans cet état-là ?

La fille répond alors :

- Rien, j'ai tracé un trait avec ma craie sur le sol et j'ai dit :

- Celui qui pourra passer sous le trait gagnera deux euros !

Un petit garçon est très fier de sa première année d'école.

- À présent, dit-il, je suis plus fort que la maîtresse.

- Comment cela ?

- Eh bien, l'année prochaine, je vais monter d'une classe, alors qu'elle reste dans celle où j'étais cette année !

Un clown très mécontent regarde le carnet de notes de son fils.
- Qu'est-ce que je vois ici !?
Ton maître écrit que tu passes ton temps à faire rire tes camarades de classe ! Ce n'est pas comme ça que tu te trouveras un métier !

La maîtresse demande :
- Les enfants, que faut-il faire pour que vos parents vous excusent quand vous avez fait une bêtise ?
Nina lève le doigt :
- Il faut d'abord faire une belle grosse bêtise, maîtresse !

- Tu as bien travaillé à l'école aujourd'hui ?
- Oh oui, j'ai su toutes les bonnes réponses, mais la maîtresse m'a mis faux partout alors que c'est elle qui n'avait pas posé les bonnes questions !

Une maîtresse d'école discute avec une petite fille dans le bus.

- Tu as quel âge ?
- 7 ans.
- Et tu vas à l'école ?
- Oui.
- Eh bien, moi aussi, je vais toujours à l'école, et j'ai pourtant 35 ans !
- Vraiment ? s'étonne la petite fille. Tu dois vraiment être idiote, alors !

Anthony rentre de l'école en pleurant parce qu'il a eu une mauvaise note en maths. Son père lui demande :

- Et pourquoi tu as eu cette mauvaise note-là ?
- La maîtresse a demandé « Combien font 3 x 2 ?».

Et j'ai répondu «6».

- Mais c'est bon, ça !? répond le père.
- Puis elle a demandé « Combien font 2 x 3?»

Le père, indigné :

- Mais qu'est-ce que c'est, cette imbécillité ? C'est la même chose ! Elle a été un peu idiote, là, ta maîtresse !
- C'est exactement ce que je lui ai dit !

Le maître demande aux élèves :
- Une maman a six pommes, qu'elle veut partager entre trois enfants.
Comment peut-elle faire ?
Rémi lève la main :
- Elle peut faire de la compote, maître !

Devant l'école, les parents attendent depuis un bon moment, quand Nicolas sort seul en disant fièrement :
- Tous les autres élèves de la classe sont punis !
Il s'éloigne avec ses parents et ajoute :
- Et moi, je suis renvoyé !

La maîtresse regarde le travail de Thomas.
- Qu'est-ce que tu as dessiné, ici ?
- Ce sont des extraterrestres.
- Des extraterrestres ? Mais personne n'en a jamais vu, tu ne peux pas savoir à quoi ils ressemblent !
- Eh bien, en regardant mon dessin, on le saura certainement !

- Les maîtres d'école sont tous bizarres.
- Pourquoi ?
- Eh bien, quand on est à la maternelle, ils nous apprennent à bien parler, et, une fois qu'on arrive à la grande école, ils nous demandent de nous taire !

Le maître demande :

- Est-ce que vous pouvez me dire ce que c'est que d'être poli ?

- Oui, maître ; être poli, c'est ne pas dire de gros mots à quelqu'un qui pourrait aller le dire à mon père !

La maîtresse interroge Rémi.

- 5+5 ?

- Dix !

- Très bien, tu as 20 sur 20.

- Quarante !

Une maman va voir le maître de son fils.
- Est-ce que vous pourriez me dire pourquoi mon fils ne revient qu'avec des zéros !?
- Oui, madame, c'est parce qu'il n'existe pas de note plus basse...

Le maître d'école vérifie que les élèves ont bien appris leur leçon.
- Denis, donne-moi quatre membres de la famille des félins.
- Euh... Le papa félin, la maman félin, le fils félin, la fille félin ?

Une petite fille arrive de l'école très en colère.

- Maman, si j'avais une gomme magique, j'effacerais tous les garçons.

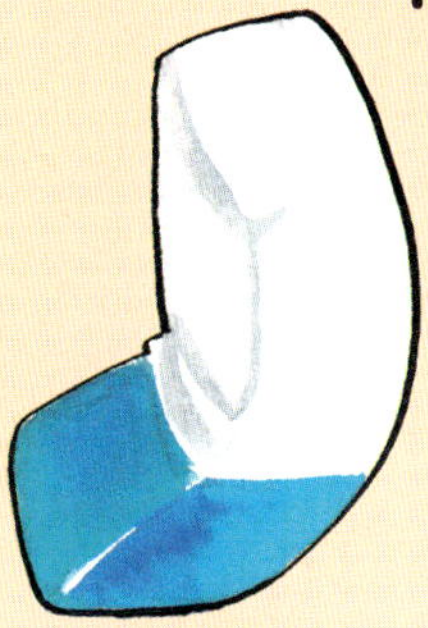

La maîtresse a envie de faire comprendre aux élèves que tout le monde peut se sentir bête devant une situation de la vie un jour ou l'autre.

- Les enfants, dit-elle, je voudrais que tous ceux d'entre vous qui se sont sentis idiots à un moment ou à un autre cette année se lèvent. Après une bonne dizaine de secondes, Lili se lève de mauvaise grâce.

L'institutrice, étonnée, lui demande :

- Alors comme ça, Lili, tu penses que de temps en temps tu as eu l'air stupide ?
- Non, maîtresse, mais ça me faisait de la peine de vous voir toute seule debout...

Louis arrive en retard à l'école. La maîtresse lui demande :
- Pourquoi es-tu en retard ce matin, Louis ?
- Ben, je rêvais que je regardais un match de foot à la télévision, et il y a eu des prolongations. Alors, je suis resté !

Le maître raconte l'histoire des trois petits cochons en classe, en essayant de faire participer ses élèves.
- « Alors le premier petit cochon rencontra un homme qui transportait de la paille dans une charrette. Il lui demanda poliment : Bonjour, monsieur, pourriez-vous me donner un peu de paille pour construire ma maison et me protéger du loup ? » Et là, les enfants, devinez ce que répondit l'homme ?
Antoine lève la main :
- Moi, je sais, maître ! L'homme s'est enfui en criant : «AU SECOURS, UN COCHON QUI PARLE ! »

La maîtresse donne les résultats de la dictée et s'adresse à une élève :

- Que se passe-t-il ? Tu avais toujours 20 en dictée et, depuis quelques semaines, tu n'as même plus la moyenne ?
- C'est pas ma faute, m'dame, c'est Julie qui a changé de place !

La maîtresse explique :

- 6+3 font 9, de même que 8+1, 7+2, 5+4, 3+6, 2+7....
- Mais, s'écrie un élève, effrayé, tout fait 9, alors !

La maîtresse interroge Alex :

- Si tu as 14 euros dans la poche droite de ton short et 8 euros dans la poche gauche, ça fait... ?
- Ça fait que j'ai dû me tromper de short, maîtresse !

Une petite fille rentre de l'école très en colère.
- Ça alors, ils exagèrent !
Pourquoi ils paient la maîtresse alors que c'est nous qui sommes toujours en train de travailler !

Denis se tortille sur son siège, en classe.
- Que se passe-t-il, Denis ? demande le maître.
- Je voudrais aller aux toilettes, maître, j'ai très envie de faire pipi !
- Tu iras après avoir répondu à cette question :
Où est le plus grand fleuve du pays ?
Denis arrête de se tortiller et sourit d'un air gêné.
- Euh... sous mon siège.

La maîtresse demande :
- Par quelle lettre commence « hier » ?
Jonathan lève la main :
- Par un d, maîtresse.
- Tu fais commencer « hier » par un d ?
- Ben, hier, on était bien dimanche ?

Le professeur dit à Tania :
- Tania, je t'avais demandé de résoudre le problème de robinet qui fuit. Tu as fait un effort en faisant le problème, mais ta réponse est complètement fausse ! Comment as-tu trouvé ce drôle de résultat : 01939763430 ?
- Bah… C'est le numéro de téléphone du plombier !

La maîtresse demande à son élève :
- Si je dis : « Je suis belle »,
à quel temps est-ce ?
- Vu que vous n'êtes pas très belle,
c'est sûrement du passé, maîtresse !

L'instituteur dit à l'un de ses élèves :
- Tes devoirs sont mauvais !
- Pourquoi, vous les avez mangés ?

- Marie, peux-tu me dire comment écrire avec moins de mots la phrase « Le cow-boy ordonne à son cheval d'avancer au galop » ?
- Oui, maîtresse : « Yaaaaaah !!! »

- Xavier, tu as vingt fautes dans ton examen. Et ce n'est pas tout : ce sont les mêmes fautes que ton voisin. Comment cela se fait-il ?
Xavier réfléchit rapidement et répond :
- Euh... c'est parce que nous avons le même maître... ?

- Qu'est-ce que la légitime défense ? demande la maîtresse à Toto.
- C'est quand mes notes sont tellement mauvaises que je suis obligé de signer moi-même mon carnet.

L'instituteur demande à ses élèves :

- Alors, les enfants, qui peut me donner une bonne définition de ce qu'est le désert ?

Louise lève la main :

- C'est un endroit où il ne pousse rien, monsieur.

- Très bien, Louise. Est-ce que tu peux me donner un exemple de désert ?

- Votre tête, maître, il n'y pousse plus rien...

Un instituteur fait remarquer à un de ses élèves :

- C'est très curieux mais, sur ce devoir de mathématiques, il me semble reconnaître l'écriture de ton père.

- Ça ! fait le gamin, ce n'est pas étonnant, je me suis servi de son stylo !

- Tony ! Ça suffit ! C'est la troisième fois que je te vois regarder sur le cahier de ton voisin !
- C'est normal, maîtresse, il écrit tellement mal que je n'arrive pas à copier !

La maîtresse donne la consigne :
- Pour votre rédaction, vous écrirez brièvement les effets d'une énorme tempête de neige. Les enfants commencent à plancher, et une minute plus tard, une élève rend sa copie.
- C'est tout, Mélanie ? s'étonne la maîtresse.
- Oui.
L'institutrice regarde la copie, qui contient une seule phrase :

Une institutrice explique à ses élèves le pluriel et le singulier :

- Bon, alors voilà, les enfants, le singulier et le pluriel c'est très facile. Le singulier c'est quand on est un, et le pluriel c'est quand on est plusieurs. Vous voyez, ce n'est pas dur. Bon, alors on va voir si vous avez compris. Dis-moi, Jérôme, quand on dit « Un enfant regarde par la fenêtre », on parle comment, au singulier ou au pluriel ?

- Ben, si un enfant regarde par la fenêtre, on parle au singulier !

- Voilà, c'est très bien, mon petit Jérôme. Et toi, Toto, quand je dis « Huit enfants regardent par la fenêtre », qu'est-ce que c'est?

- Ben, c'est l'école !

La maîtresse gronde Toto parce qu'il arrive en retard à l'école. Toto :
- Ce n'est pas de ma faute : j'étais dans un avion, je me suis un peu trop penché et je suis tombé. J'ai voulu me relever, mais je n'ai pas vu venir un cheval qui m'a renversé. J'ai rebondi sur une auto rouge mais, finalement, ce qui m'a fait le plus mal c'est quand je me suis cogné la tête à une soucoupe volante...

La maîtresse se fâche : - Tu te moques de moi, Toto ? Tu t'imagines que je vais te croire ! Toto se défend : - Mais c'est vrai ! Vous pouvez demander au patron du manège !

Pendant la classe, au temps de l'Égypte antique, en pleine dictée, le petit Aménophis pousse du coude son voisin :
- Hé, pssst, « poule », ça s'écrit avec deux ou quatre pattes ?

- Maman me dispute pour une chose que je n'ai même pas faite, se plaint Julien.
- Ah bon ? Qu'est-ce que c'est ?
- Mes devoirs.

Le maître demande à Laura :
- Conjugue-moi le verbe « marcher » au présent.
- Je marche... Tu marches... Il marche...
- Plus vite, Laura, tu traînes !
- Nous courons, vous courez, ils courent !

Maxime rend son livret à son papa.

- Maxime ! C'est une catastrophe ! Tu as des zéros partout !
- C'est pas ma faute, papa, c'est la maîtresse, elle me déteste. Elle fait exprès de me poser des questions trop difficiles pour que j'aie des mauvaises notes.

Indigné, le père va voir la maîtresse le lendemain matin, accompagné de son fils.

- Alors, madame, dit-il furieusement, il paraît que vous détestez Maxime et que vous lui posez des questions trop dures pour son âge ?
- Mais pas du tout, monsieur, répond la maîtresse, très impressionnée. Enfin, voyons ! euh... Maxime, combien font 2 + 2 ?

Là, Maxime se tourne vers son père.

- Tu vois, ce que je te disais ? Elle recommence !

Quelle est la ressemblance entre un thermomètre et un maître d'école ?

(Réponse : quand ils marquent zéro, on tremble.)

La maîtresse :
- Je vous rappelle que dans une fable, il y a toujours une morale à la fin, qui nous dit quelle leçon tirer de l'histoire. Qui pourrait me raconter une histoire, avec une leçon à tirer à la fin ? Frédéric ?
Frédéric ne se fait pas prier.
- C'est l'histoire de Superman qui vole dans le ciel, quand tout à coup un méchant géant vert fonce sur lui en hélicoptère pour l'embêter. Alors, Superman attrape le géant vert, et pif ! paf ! dans la figure, il envoie le géant vert sur la planète Mars.
Tous les élèves éclatent de rire.
- C'est bien, Frédéric, mais il n'y a pas de morale.
- C'est parce que c'est pas fini. Après, Superman se pose sur un immeuble de trois cents étages, en plein milieu de Los Angeles, et des cambrioleurs foncent sur lui pour l'embêter. Alors, Superman attrape les cambrioleurs, et pif ! paf ! dans la figure, il les envoie sur la planète Mars.
De nouveau, tout le monde rigole.
- Voyons, Frédéric...
- Attendez, je termine. Après, Superman descend dans la rue, mais là, il y a cent mille gangsters qui foncent sur lui pour l'embêter. Mais Superman les attrape, et pif ! paf ! dans la figure, il les envoie sur la planète Mars. Voilà.
- Il n'y a pas de leçon à tirer de ton histoire, Frédéric ! gronde la maîtresse.
- Si, madame, la leçon, c'est qu'il ne faut pas embêter Superman, sinon pif ! paf ! dans la figure, et on se retrouve sur Mars.

- Au feu ! Au feu ! crie le professeur de musique à son élève, pendant le cours de piano. Vite, appelle les pompiers !
Voyant que son élève ne bouge pas, elle répète :
- Va vite appeler les pompiers, pendant que je sauve les partitions !
- J'y vais, répond l'élève, j'y vais...
J'attends juste que cette saleté de piano ait brûlé avant.

Paul va chez le boucher.
- Bonjour, je voudrais cinq kilos de viande de bœuf, sept kilos d'escalopes de dinde, huit kilos de gigot d'agneau et sept entrecôtes de 150 grammes chacune, s'il vous plaît.
- Eh bien, s'exclame le boucher, tu as un solide appétit !
- Euh, pour dire vrai, ce qui m'intéresse, c'est le poids de toute cette viande. C'est pour résoudre un problème que nous a donné notre maîtresse !

Julien arrive à l'école, la tête tout enflée et pleine de pansements et de bandages. Ses copains se précipitent autour de lui.

- Que t'est-il arrivé ?
s'écrient-ils, affolés.
- Oh, c'est rien ! répond Julien.
C'est juste une guêpe qui
s'est posée sur ma joue.

Ils ne croient tout de même pas
qu'on va y aller en courant !

La maîtresse :
- Laura ! va au tableau.
Laura se lève et va devant le tableau.
- Très bien. Maintenant, montre-nous sur la carte du monde à quel endroit se trouve l'Amérique du Nord.
Laura prend la grande règle jaune et indique parfaitement le continent américain.
- C'est bien, la félicite la maîtresse. Maintenant, qui, dans la classe, peut me dire qui a découvert l'Amérique ?
Lydia lève la main.
- C'est Laura, maîtresse !

La maîtresse demande à Sébastien :
- Quels sont les os qui constituent le crâne ?
- Euh... J'ai oublié leurs noms, mais je peux vous assurer qu'hier je les avais tous en tête.

David rentre de l'école avec ses copains.
- Je vais avoir un zéro au contrôle de maths.
- Tu es sûr ?
- Aussi sûr que deux et deux font cinq.

Faut-il dire 6 et 7 font « onze », ou 6 et 7 font « t-onze » (avec la liaison) ?

(Réponse : ni l'un ni l'autre ; ça fait treize.)

Qu'est-ce qui est noir quand il est propre, et blanc quand il est sale ?

(Réponse : le tableau noir du maître d'école.)

Deux élèves assis côte à côte viennent de faire un contrôle de maths.
- Qu'as-tu répondu au problème de robinets ? demande l'un.
- Je n'ai rien répondu, dit l'autre. Et toi ?
- Moi non plus. La maîtresse va croire qu'on a copié l'un sur l'autre...

- Pépé, dit fièrement Olivier. Aujourd'hui, à l'école, le maître nous a appris que lorsque quelqu'un nous pose une question, il ne faut pas répondre « Ouais », mais « Oui ».
- Ah ! C'est très bien, ça ! Et tu as bien compris cette leçon ?
- Ouais, ouais !

ÉCOLE : élève généreux donne tous ses devoirs gratuitement.

Le maître de la classe demande :
- Thierry, cite-moi cinq animaux qui vivent en Afrique centrale.
- Facile, maître : quatre éléphants et un lion.

Un enfant rentre de sa première journée d'école maternelle.
- Ça y est, maman, je sais compter sur les doigts !
- Oh, c'est bien ! Montre-moi.
- Regarde : un doigt, un doigt, un doigt, un doigt et un autre doigt.

Les blagues sur les animaux

Un petit lapin au bord de la route gratte ses griffes sur le sol. Arrive un écureuil qui lui demande :

- Qu'est-ce que tu fais ?

- Je lime mes griffes en pointe. Comme ça je pourrai griffer le renard s'il m'embête ! Puis arrive un canard :

- Mais qu'est-ce que tu fais ???

- Je lime mes griffes en pointe, comme ça je pourrai griffer le renard et lui arracher les oreilles !

Le canard s'étonne et reprend son chemin. Quelques minutes plus tard arrive le renard.

- Qu'est-ce que tu fais, petit lapin ?

Et le lapin de pousser un énorme soupir !

- Bah, je suis assis là, à me gratter les pattes et à raconter des bêtises !

Un inspecteur de police rend son rapport après un hold-up dans un grand supermarché.

- Le vol qui a eu lieu cette nuit est très curieux : le cambrioleur a dérobé trois cents kilos de carottes, huit cents salades et cinq cents litres de vin rouge.

Le commissaire hoche la tête.

- Et vous recherchez quelqu'un en particulier ?

- Oui, répond l'inspecteur. Nous recherchons un lapin complètement ivre.

La maîtresse explique aux élèves la manière de conserver les aliments afin qu'ils ne pourrissent pas.

- Parlons maintenant du lait. Qui sait quel est le moyen le plus sûr de conserver le lait ?

- Moi, je sais, répond un élève. Le moyen le plus sûr pour conserver le lait, c'est de le laisser dans la vache.

Un petit serpent s'inquiète :

- Maman, est-ce que je suis venimeux ?
- Mais non, pourquoi ?
- Parce que je me suis mordu la langue !

Deux chats discutent :

- Le chien de mon voisin, c'est un ange !
- Tu as de la chance, le chien du mien est toujours en vie !

Un coq entre au poulailler avec un œuf d'autruche.
Il convoque ses poules.
« Mesdames, je ne voudrais pas vous vexer, mais vous voyez ce que vous POURRIEZ pondre !!!? »

Deux amis se rencontrent:
- J'emmène mon chien chez le vétérinaire parce qu'il a mordu ma belle-mère.
- Ah bon ? Tu veux que le vétérinaire lui mette une muselière et le rende moins agressif ?
- Non, tu rigoles...! Je viens pour lui faire aiguiser les dents !

Au zoo, le gardien accourt, affolé :
- Monsieur ! Votre belle-mère est tombée dans le bassin des crocodiles !

- Ce sont VOS crocodiles, alors vous n'avez qu'à les sauver vous-même !

Un éléphant rencontre un chameau :
- T'es marrant, toi, t'as deux grosses carapaces de tortue sous la peau du dos !
Le chameau vexé, répond :
- C'est toi qui es marrant, patate, t'as un serpent au milieu de la figure !

Un petit homme entre dans un bar.
- Excusez-moi, à qui est l'énorme chien, dehors ? J'ai l'impression que mon petit caniche l'a blessé...
- Un caniche ? Comment votre petite crevette a-t-elle pu blesser ma grosse brute !?
- Je crois que c'est quand votre grosse brute s'est étouffée en essayant d'avaler mon petit chien...

Au zoo, un petit garçon a réussi à passer son bras à travers les barreaux de la cage, et à tirer sur la queue du lion... Il tire..., il tire...
Soudain, sa mère s'affole :
- Mais enfin, Théo, qu'est-ce que tu FAIS ? Un gardien pourrait te voir !

Devinette : Que prend un éléphant quand il entre dans un bar ?

(De la place.)

Devinette : Qu'est-ce qui fait « teuf-teuf » sous la terre ?

(Une taupe en scooter !)

Devinette : Je suis noir, blanc et rouge. Qui suis-je ?

(Un zèbre qui a pris un coup de soleil.)

Deux poissons se disputent :

- Pourquoi est-ce que tu m'as bousculé !?
- Excuse-moi, j'avais de l'eau dans les yeux...

Un enfant, qui vient pour la première fois à la campagne, voit des bouteilles de lait abandonnées au bord d'un chemin.

- Maman ! J'ai trouvé un nid de vaches !

Deux chiens arrivent à la porte d'une boulangerie.
- Il y a écrit « Interdit aux chiens ». Qu'est-ce qu'on fait ?
- Bof, on entre, on fera comme si on ne savait pas lire...

Devinette : Quelle est la différence entre un éléphant et un papillon ?

(Un papillon peut se poser sur un éléphant, mais un éléphant ne peut pas se poser sur un papillon !)

À la ferme, un petit garçon accourt vers son grand-père.
- Papi ! Il y a une souris qui est tombée dans le seau de lait de la vache !
- Quelle horreur ! Tu l'as enlevée, j'espère !
- Bah, non, j'y ai mis le chat !

Devinette : Comment appelle-t-on un lapin un peu sourd ?

(LAAAAPIIIIIIIN !!!)

POUR ÊTRE UN CHAT, RÈGLE N°1 : Peu importe la bêtise que tu as faite, essaie toujours de faire en sorte qu'on accuse le chien !

Un oisillon voit la neige tomber pour la première fois.
- Oh ! regarde, maman, les nuages perdent leurs plumes !

Devinette : Qu'est-ce qu'une limace ?

(C'est un escargot en train de déménager.)

Devinette : Comment peut-on savoir où est la tête d'un ver de terre et où est sa queue ?

(Facile, il suffit de chatouiller le milieu du ver et le côté qui rigole, c'est sa tête !)

Devinette : J'ai six pattes
et je marche sur la tête.
Qui suis-je ?

(Le pou.)

Devinette : Qu'est-ce qui est bleu dans un pré ?

(Une vache en survêtement !)

Devinette : Qu'est-ce qui est petit, pelucheux, qui monte aux arbres et qui est tout violet ?

(Un koala qui retient sa respiration !)

Devinette :
Qu'est-ce qui a trois bosses ?

(Un chameau qui s'est cogné !)

Devinette :
Qu'est-ce qui fait ZZZB-ZZZB ?

(Un bourdon qui vole à l'envers.)

Deux poissons se disputent dans un bocal :
- Pousse-toi de là, j'ai besoin d'air !

- Est-ce que ton chien aime les enfants ?
- Oui, mais je crois qu'il préfère les croquettes...

Devinette : Quel est l'animal que toutes les maîtresses voudraient dans leur classe ?

(Un perroquet, pour répéter sans cesse les leçons aux élèves qui n'écoutent pas !)

Un escargot entre dans un bar.
Le barman le voit et, sans explication, l'attrape et lui donne un coup de pied qui l'envoie voler à travers la porte.

Un an plus tard, le même escargot revient. Il se plante devant le barman et s'écrie :

- Mais pourquoi diable avez-vous fait ça !

Deux lapins discutent.
- Tu n'as pas peur des chasseurs, toi ?
- Moi ? Non, pas du tout, je mange des trèfles à quatre feuilles à chaque repas !

Un serpent va voir le docteur Léphant.
- Docteur, je n'y vois plus clair du tout, ma vue a terriblement baissé, c'est insupportable.
- Ne vous inquiétez pas, vous allez mettre ces lunettes et tout ira mieux.
Le serpent s'en va et revient le lendemain.
- Docteur, je suis affreusement déprimé depuis hier soir.
- Pourquoi donc ? Les lunettes ne vous conviennent pas ?
- Ce n'est pas ça, c'est juste que je viens de me rendre compte que mon meilleur ami depuis deux ans est en fait un tuyau d'arrosage...

Deux sardines voient un sous-marin passer.

- Oh, regarde, des humains en boîte !

Devinette : Quel est l'animal préféré des fakirs ?

(Le hérisson.)

- Mon chien est extraordinaire.
- Ah oui ?
- Oui : tous les matins, il m'apporte le journal.
- Mais ce n'est pas extraordinaire, ça !
- Si : je ne suis pas abonné !

Devinette : Qu'est-ce qui est noir et jaune, qui bourdonne et qui se promène au fond des océans ?

(Une abeille dans un sous-marin !)

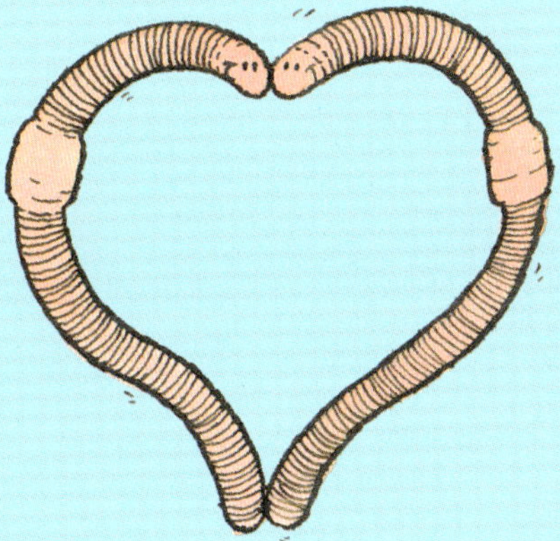

Baptiste et Maxime viennent d'avoir une lecture sur l'arche de Noé. En sortant de classe, ils discutent :

- Tu sais, dit Baptiste, il ne devait pas beaucoup pêcher, Noé.
- Ah ouais ? Pourquoi ?
- Bah... il n'avait que deux asticots... !

- Maman, pourquoi les poissons ne parlent-ils pas ?
- Mmmh, je ne sais pas.
- Moi, je pense que c'est pour ne pas avaler toute l'eau en ouvrant la bouche !

Un gars vient d'acheter un chien bien particulier.
Il invite un de ses amis à la chasse au canard, sur un lac.
Ils montent dans une petite barque, et attendent. Bientôt le premier canard arrive, les deux chasseurs lui tirent dessus, le canard tombe dans l'eau.
Soudain, le chien saute de la barque, et au lieu de couler, marche sur l'eau, récupère le canard et, le ramène dans la barque.
Le propriétaire du chien est tout fier.
- Alors, tu as remarqué quelque chose de spécial à propos de mon chien ?
- Ouaip, répond l'autre.
Il ne sait pas nager.

Un homme entre dans un bar avec son chien.
- Les chiens ne sont pas admis ! s'écrie le barman.
- Mais, monsieur, ce n'est pas n'importe quel chien. Celui-ci sait jouer du piano comme un pro !
Le barman réfléchit.
- Très bien, il peut rester s'il nous joue un morceau de piano. Sinon, il dégage !
Le chien s'installe au piano et commence à jouer du Mozart avec un professionnalisme étonnant. Les clients sont ravis.
Soudain, un chien énorme entre dans le bar, avance vers le piano, attrape le chien pianiste par la peau du cou et le sort du bar en grognant. Le barman n'en revient pas.
- Qui c'est, ce chien-là ???
- Oh, dit le propriétaire du chien pianiste, ce n'est rien, c'est sa mère. Elle ne supporte pas qu'il joue du piano, elle voulait qu'il devienne médecin...!

Un homme veut absolument se débarrasser du chat de son épouse.

Il le prend dans sa voiture et l'emmène à 20 km de chez lui, puis il rentre.

Quand il arrive, le chat est là !

Le lendemain, il l'emmène à 40 km de chez lui, et il rentre.

Quand il arrive, le chat est encore là !

Toute la semaine, il l'emmène de plus en plus loin, par des chemins de plus en plus compliqués, mais rien à faire, chaque fois qu'il revient chez lui, le chat est là...!

Un matin, il décide de l'emmener à plus de 1000 km, en utilisant un chemin très tordu pour que le chat ne puisse plus revenir. Puis il reprend la route pour rentrer.

Des heures plus tard, l'homme appelle son épouse.

- Chérie, est-ce que le chat est là ?

- Bien sûr, il est sur le canapé en train de dormir. Pourquoi ?

- Réveille cet imbécile et passe-le-moi, je suis perdu, j'ai besoin qu'il me donne
le chemin pour rentrer !

Un ours mange des framboises au bord d'une rivière quand un lapin l'appelle, de l'autre côté de la rive.
- Hé ! Hé, l'ours ! Viens voir ! C'est incroyable ! Viens !
L'ours continue de manger ses framboises en répondant :
- Non, je suis trop bien, là. C'est quoi, qui est incroyable ?
De l'autre côté de la rive, le lapin crie :
- Mais viens ! Tu vas voir, c'est trop génial ! Vite !
L'ours soupire, lâche ses framboises, marche trois kilomètres vers le nord pour trouver le pont, traverse la rivière, et marche trois kilomètres vers le sud pour rejoindre le lapin.
Il arrive, épuisé d'avoir tant marché, et demande, tout essoufflé :
- Alors, c'est quoi, ce truc incroyable ?
Le lapin, tout excité, pointe l'autre côté de la rivière, là où l'ours se trouvait quand il l'a appelé.
- Regarde là-bas, sur l'autre rive ! Tu as déjà vu AUTANT DE FRAMBOISES !?

Devinette : Pourquoi les éléphants ont-ils la peau toute fripée ?

(Parce qu'il est très difficile de repasser un éléphant !)

Deux chenilles regardent des papillons voleter au-dessus d'elles. L'une des deux les observe un moment et s'exclame :

- Eh bien, tu ne me verras jamais monter dans un de ces trucs !

Tu connais l'histoire de Zioup le pingouin ? C'est un pingouin qui marche sur la neige et ZIOUP ! le pingouin !

Une dame passe devant un magasin d'animaux, quand un perroquet dans une cage lui dit :
- Hey ! M'dame ! T'es vraiment trop moche.
La femme secoue la tête et continue son chemin.
Le lendemain, quand elle repasse devant le magasin d'animaux, le perroquet l'appelle encore :
- Hey ! M'dame ! T'es vraiment trop moche.
La dame ignore à nouveau le perroquet. Mais le lendemain, il recommence :
- Hey ! M'dame ! T'es vraiment trop moche.
Cette fois, la dame se fâche. Elle sort le perroquet de la cage et l'attrape par le cou en criant :

- Si tu me dis encore une seule fois que je suis trop moche, je te tords le cou, compris ???
Le lendemain, la dame passe devant le magasin, et le perroquet l'interpelle :
- Hey, m'dame !
La dame serre les poings.
- Oui ?
Et le perroquet hausse les ailes en disant :
- Bof, vous le savez déjà, de toute façon !

Devinette : Quelle est la différence entre un éléphant et un bonbon au caramel ?

(L'éléphant ne colle pas aux dents !)

Un chat perdu dans la forêt tombe soudain sur une petite maison au toit rond et pointu. Il entre et rencontre un homme qui lui dit :

- Bonjour, je suis un magicien. Si tu as trouvé ma maison, c'est que tu es désespéré. Je t'accorde un vœu. Réfléchis bien, tu n'en auras pas deux.

Le chat réfléchit une seconde et répond :

- Toute ma vie j'ai vécu dans une famille pauvre, dormant sur le plancher d'un vieux grenier. Je voudrais un endroit confortable pour me reposer.

Le magicien fait apparaître un oreiller douillet.

- Repose-toi maintenant.

Le chat s'endort.

Le lendemain, six souris trouvent la maison du magicien.

- Bonjour, leur dit-il, si vous avez trouvé ma maison, c'est que vous êtes désespérées. Je vais vous accorder un vœu. Réfléchissez bien, il n'y en aura pas deux.

- C'est simple, dit une souris. Toute notre vie nous avons dû courir pour échapper au chat. Nous voudrions des patins à roulettes pour ne plus avoir à courir.

- Exaucé !

Les souris roulent à toute vitesse dans la maison, heureuses et comblées.

Le lendemain, le magicien va voir le chat, sur son oreiller.

- Alors, tout va bien, cher matou ?

Le chat s'étire.

- Oui, c'est un vrai bonheur, ce coussin. Et le repas sur roulettes que vous m'avez envoyé était vraiment délicieux !

Deux chevaux visitent un zoo.
Lorsqu'ils arrivent à l'enclos des zèbres, l'un d'eux chuchote :
- Tiens, ici c'est le coin des prisonniers !

Pourquoi les éléphants emmènent-ils toujours des raquettes à la plage ?
(Pour ne pas s'enfoncer dans le sable.)

Pourquoi les autruches se mettent-elles la tête dans le sable ?
(Pour voir les éléphants qui n'ont pas pris de raquettes.)

Deux souris ont décidé d'aller au cirque.
La première reste stupéfaite en voyant un éléphant tenir en équilibre sur un œuf.
- C'est un tricheur ! dit la deuxième, je te parie que l'œuf est dur !

Un tigre se fâche après un serpent :
- Hééé ! Attention, tu m'as donné un coup de pied !

- Impossssssible, je n'ai pas de pieds !

Et il s'en va en haussant les épaules.

Devinette : Deux canards se trouvent devant un canard, deux canards se trouvent derrière un canard et un canard est au milieu. Combien y a-t-il de canards en tout ?

(Réponse : Il y a... 3 canards !)

Devinette : Comment font les éléphants pour se cacher ?

(Ils portent des lunettes noires.)

Un escargot voit passer une limace et s'écrie :
- Wow, la belle décapotable !

Devinette : Qu'est-ce qui est gros, gris, et qui a six pattes, trois oreilles, quatre défenses et deux trompes ?

(Un éléphant avec des pièces de rechange !)

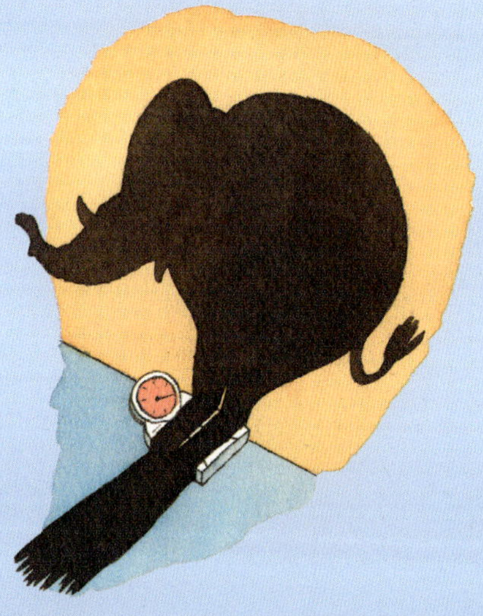

Devinette : Qu'est-ce qui est aussi gros qu'un éléphant, mais ne pèse rien ?

(Son ombre !)

Devinette : Qu'est-ce que ça fait un poussin de 350 kg ?

(dire avec une grosse voix : PIOU PIOU !)

- Mon chien est très bien dressé : quand j'arrive à la maison, il m'apporte mes pantoufles !
- Peuh ! Mon cochon fait beaucoup mieux : quand il me voit avec une bouteille de vin, il met sa queue en tire-bouchon !

Pourquoi le ciel est-il si haut ?

(Réponse : C'est pour éviter que les oiseaux se cognent la tête quand ils volent.)

Devinette : Pourquoi les poissons ne vont-ils jamais à la piscine ?

(Parce qu'ils n'ont pas de maillots de bain.)

Quelle est la différence entre une banane et un poussin ?

(On n'épluche pas les poussins, voyons !)

Une maman pie apprend le code de la route à ses enfants :

- Quand le cerisier est vert, vous passez, mais quand il est rouge, vous vous arrêtez !

Un escargot, qui attend une limace pour aller se promener, se fâche quand elle arrive :

- Non seulement tu es en retard, mais en plus, tu n'as même pas pris ton sac à dos !

- J'ai reçu une crotte de pigeon sur la tête !
- Eh bien, ça ! Heureusement que les vaches ne volent pas !

Deux vaches dans un champ broutent tranquillement quand soudain l'une d'elles voit passer dans le ciel un petit éléphant qui vole. Elle n'ose rien dire à son amie mais, quelques minutes plus tard, elle aperçoit deux autres petits éléphants volants.

Elle commence à s'inquiéter et dit à sa compagne :
- J'aurais dû faire attention avant de manger autant d'herbe et de foin, je viens de voir plusieurs éléphants volants.
Et l'autre la rassure :
- Ne t'inquiète pas ! Je viens souvent ici : il y a un nid pas loin !

Devinette : Qu'est-ce qui est petit, qui est noir, qui vole, et qui a une tache rouge ?

(Réponse : Une mouche qui saigne du nez.)

Deux lions regardent une trousse médicale, posée à côté d'eux.

- C'était un bon vétérinaire, tu ne trouves pas ?
- Ouais. Dommage qu'il n'en reste plus, j'en aurais bien repris un morceau...

Dans la jungle, un chimpanzé bouscule par mégarde un gorille qui tombe dans une énorme flaque de boue. Le chimpanzé s'enfuit tandis que le gorille, furieux, le poursuit. Le chimpanzé rentre précipitamment dans un bar, il prend un journal, s'assied à une table et fait semblant de le lire. Le gorille entre à son tour, l'air furibard.

- Quelqu'un a-t-il vu un singe qui se sauvait, par ici ?

Le chimpanzé lève la tête de sa lecture.

- Celui qui a poussé un gorille dans la boue ?

Le gorille s'approche de lui, l'air étonné.

- C'est déjà dans le journal ?

Devinette : Pourquoi les poissons sautent-ils hors de l'eau quand il pleut ?

(Réponse : Parce qu'ils veulent prendre une douche de temps en temps !)

Un coq fait les cent pas devant une maternité. Soudain, une infirmière sort.
Il se précipite vers elle et lui demande :
- Alors ? Qu'est-ce que c'est ?
Et l'infirmière répond :
- Félicitations, monsieur, c'est un œuf !

À l'arrêt de bus, maman Tortue dit à son fils :
- Ne t'éloigne pas trop, l'autobus passe dans deux heures.

Qu'est-ce qui est vert et qui dit :
« Je suis une grenouille » ?
(Réponse : Une grenouille QUI PARLE !)

Qu'est-ce qui est vert et qui dit : « Je suis un éléphant » ?

(Réponse : Une grenouille qui ment !)

Deux poissons nagent dans une rivière.
Il se met à pleuvoir.
- Mettons-nous à l'abri sous le pont, dit l'un d'eux, sinon on va être trempés !

Devinette : Qu'est-ce qui fait « Bzzz, vrrrrr-raoummmm, BZZZZ » ?

(Réponse : Une abeille qui change de vitesse !)

Devinette : Combien de temps peut vivre une souris ?

(Cela dépend des chats !)

Devinette : Qu'est-ce qui est transparent et qui sent la carotte ?

(Réponse : Un prout de lapin.)

Devinette : Quelle différence y a-t-il entre mon papa et mon chat ?
(Aucune, tous les deux ont peur de l'aspirateur !)

- Dis, papa, qu'est-ce qui a quatre pattes et qui crie « Cocorico » ?
- Euh... Je ne sais pas.
- Un coq !
- Un coq ? Mais ça n'a pas quatre pattes, un coq !
- Je sais, mais si j'avais dit deux pattes, tu aurais trouvé tout de suite !

Le chien de ma voisine est tellement poilu qu'on ne sait pas où est sa tête et où est sa queue !
- Facile, pourtant : tire-lui la queue, et s'il te mord, c'est que c'est sa tête!

Une dame arrive chez le vétérinaire, un aspirateur à la main :
- Alors, madame Dubois, je vois que vous avez encore eu des problèmes avec votre caniche...

- Dis, papa, qu'est-ce qui
a huit pattes, qui est vert
et bleu avec des yeux rouges
et deux petites pinces sur
la tête ?
- Je ne sais pas... euh... non,
vraiment, je ne vois pas.
C'est quoi ?
- Je n'en sais rien, mais tu en
as un dans le cou.

Une tortue vient de se
faire piquer sur le nez
par une abeille et dit :
- Zut, je vais encore
devoir passer
la nuit dehors...

Comment capturer un éléphant vert ?
(réponse : avec un piège à éléphant vert.)
Comment capturer un éléphant jaune ?
(réponse : avec un piège à éléphant jaune.)
Comment capturer un éléphant rouge ?
(réponse : on le peint en jaune et on utilise un piège à éléphant jaune.)
Comment capturer un éléphant à pois bleus ?
(réponse : vous avez déjà vu des éléphants à pois bleus, vous ? Soyons sérieux deux minutes !)

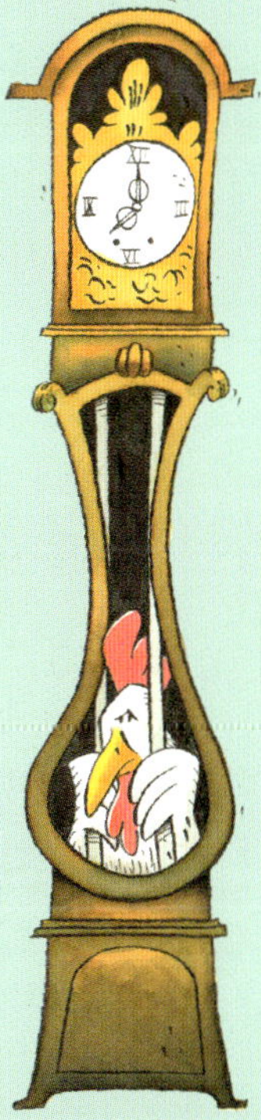

Devinette : Ce matin, le fermier s'est acheté un objet qui a vexé son coq. Quel est cet objet ?

(Réponse : Le fermier s'est acheté un réveil)

Que dit un hérisson qui vient de discuter pendant trente minutes avec une brosse à cheveux ?
- Tout le monde peut se tromper...

Trois souris sont assises devant un morceau de fromage, discutant de tout et de rien. Soudain, l'une d'elles s'exclame :
- Moi, je suis très forte, sans vouloir me vanter ! J'arrive à déjouer les pièges à souris en les soulevant avec mes pattes arrière. Ça fait tomber le bout de fromage, et le tour est joué !
- Moui ! dit sa copine, mais moi, je suis plus forte encore. Les grains de blé empoisonné que les hommes mettent dans les caves ne me font rien du tout : J'en mange chaque midi et chaque soir, et je suis complètement immunisée.
La troisième se lève en s'excusant :
- Vous êtes très fortes, effectivement... Je dois vous laisser, c'est l'heure de mon cours de boxe avec le chat.

Qu'est-ce que crie un escargot sur le dos d'une tortue ?
(Yaaaaaaaaaahooooooooooooooooooooouuuuuuuuuuuu !!!!)

A) Combien d'actions sont nécessaires pour faire entrer un éléphant dans un réfrigérateur ?
Réponse : trois actions. 1. Ouvrir le réfrigérateur. 2. Mettre l'éléphant. 3. Fermer le réfrigérateur.
B) Maintenant, combien d'actions sont nécessaires pour faire entrer une girafe dans un réfrigérateur ?
Réponse : quatre actions. 1. Ouvrir le réfrigérateur. 2. Enlever l'éléphant. 3. Mettre la girafe. 4. Fermer le réfrigérateur.

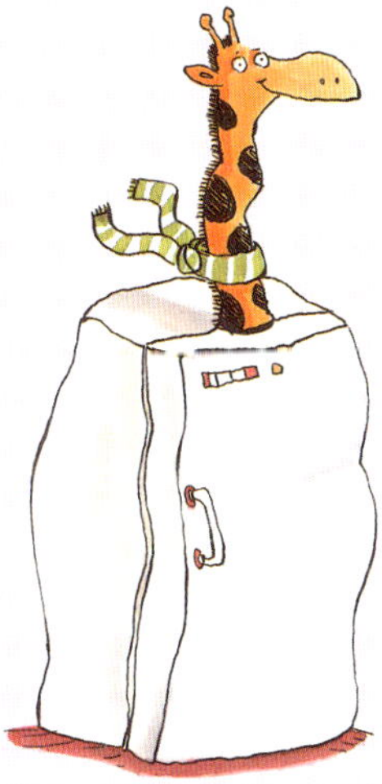

C) Le lion décide de manger tous les animaux de la jungle. Il les chasse sauvagement et finit par tous les manger. Tous, sauf un. Lequel ?
Réponse : la girafe ! Elle est dans le réfrigérateur !
D) Pourquoi les éléphants ont-ils la grippe ?
Réponse : parce que des imbéciles les mettent dans les frigos !

Qu'est-ce qu'un mouton sans pattes ?

(Réponse : Un nuage !)

Un type entre dans un hôtel.
Il voit un chien et demande au réceptionniste de l'hôtel :
- Il est gentil, votre chien ?
Le réceptionniste lui répond :
- Oui, il est gentil.
Le client caresse alors le chien, qui lui saute dessus et le mord !
Le client s'adresse au réceptionniste :
- Mais... Vous m'aviez dit que votre chien était gentil !
- C'est vrai, mais ce chien-là, ce n'est pas mon chien !

Devinette : Qu'est-ce qui est petit, jaune et qui fait « crac-crac » ?

(Réponse : Un poussin qui mange des chips.)

Devinette : Qu'est-ce qui suit toujours un chat noir ?

(Réponse : Sa queue !)

Devinette : Combien une vache a-t-elle de pattes ?

(Réponse : Huit : 2 devant, 2 derrière, 2 à droite et 2 à gauche.)

LOISIRS : vieux dinosaure prête son squelette à champion de puzzle contre une place de musée.

C'est un ver de terre qui, sortant de son trou, voit un autre ver à côté de lui et engage la conversation :

- Beau temps, hein ?

Pas de réponse. Un peu surpris, il poursuit néanmoins :

- Espérons que ça ne va pas se gâter ce week-end.

Toujours pas de réponse.

- Remarquez, on n'a pas trop à se plaindre cette année.

Pas de réponse.

Alors, le ver de terre rentre dans son trou en grommelant :

- Ça y est ! J'ai encore parlé à ma queue !

Devinette : Qu'est-ce qui a deux bosses et qu'on trouve au pôle Nord ?

(Réponse : Un chameau qui s'est bien perdu !)

Un gars rend visite à un copain et le trouve en train de jouer aux échecs avec son chien.
- Je n'en crois pas mes yeux ! Ton chien joue aux échecs ! C'est le chien le plus intelligent de la terre !
- Bof ! répond l'autre. Intelligent, c'est vite dit. Je l'ai battu trois fois sur les cinq parties que l'on a jouées ensemble aujourd'hui.

Deux canards sont sur un lac. L'un dit « Coin-coin ».
Immédiatement, l'autre le bouscule violemment en s'écriant :
« Copieur ! J'allais le dire ! ».

Deux microbes se rencontrent.
- Qu'est-ce qu'il t'arrive ? Tu es tout pâlichon !
- Je suis malade. J'ai avalé une aspirine...

Deux crocodiles sont sur un lac. L'un dit « Coin-coin ».
Immédiatement, l'autre le bouscule violemment en s'écriant :
« Imbécile ! T'es pas un canard ! ».

Un gars essaye de vendre son chien à un de ses copains.
- Achète-le, c'est une affaire ! C'est un chien qui parle ! Je te le vends pour 10 euros.
- Un chien qui parle ? À 10 euros ? Tu te fiches de moi !
Or, le chien lève le museau et se met à parler.
- S'il vous plaît, supplie-t-il, achetez-moi, je ne veux plus rester avec cet homme cruel qui me bat et qui ne me donne jamais à manger... Je vous en prie, je vous ferai la vaisselle, j'irai faire vos courses, mais ne me laissez pas avec ce monstre !
Le copain est estomaqué.
- Mais c'est un chien qui parle ! Il parle vraiment ! T'es fou de le vendre 10 euros, il vaut une fortune ! Pourquoi tu veux t'en débarrasser ?
- Parce que j'en ai marre : il ne peut pas s'empêcher de mentir !

Pourquoi les éléphants n'ont-ils pas d'ordinateur ?

(réponse : parce qu'ils ont peur des souris.)

C'est le déluge, aux premiers temps de la Terre et de l'humanité. Les animaux s'embarquent précipitamment sur l'arche de Noé. Soudain, l'éléphant barrit violemment.
- Arrête de pousser ! dit-il à une puce.
- Excuse-moi, je ne t'avais pas vu...

Un chien entre dans un bureau de poste, prend un formulaire pour les télégrammes et le remplit soigneusement.
« Woof...Woof woof... Woof, woof woof woof... Woof. »
L'employé des postes prend le télégramme en main et dit au chien :

- Il y a seulement huit mots. Vous pouvez mettre deux autres « Woof » pour le même prix.
- Quoi ? Mais ça ne voudrait plus rien dire !

Quel animal mange avec sa queue ?

(Réponse : tous les animaux qui ont une queue mangent avec leur queue ! Ils ne peuvent pas l'enlever pour manger !)

Un citadin s'installe à la campagne.
Pour essayer de gagner du temps pour aller au travail le matin, il va voir son voisin, un paysan.
- Pourrais-je traverser votre champ le matin, pour avoir le bus de 7h ?
- Bien sûr, répond le paysan, et si mon taureau vous voit, vous pourrez même avoir le bus de 6h30.

Un singe se trouve au sommet d'un arbre et, au pied de l'arbre, un lion lui crie :

- Descends jouer avec moi !
- Pas question ! Tu veux me manger !
- Mais non, je veux juste jouer avec toi, allez, descends !
- Je ne redescendrai que si tu t'attaches les pattes avec une liane.

Le lion s'exécute. Il trouve une liane et s'attache les pattes arrière, puis les pattes avant.

- Tiens, regarde... Voilà, je suis attaché, tu vois bien, je ne te veux pas de mal ! Maintenant, descends jouer avec moi !

Le singe descend, et le lion voit qu'il tremble un peu.

- Pourquoi trembles-tu ainsi ? Tu ne risques rien, puisque je t'ai dit que je ne voulais pas te manger !
- C'est l'émotion, répond le singe... C'est la première fois que je vais manger un lion !

Une dame trouve un chat dans son réfrigérateur. Le chat est en train de se bâfrer de beurre, de lait et de crème Chantilly. Elle essaye de le sortir du frigo, mais, miaou ! grr ! le chat ne se laisse pas faire et la griffe au bras. Désespérée, elle appelle son mari.

- Chéri ! Il y a un chat dans notre frigo, il m'a griffée !

Le mari arrive, l'air renfrogné, et essaye à son tour d'enlever le chat du réfrigérateur. Mais, là encore, miaou ! grr ! le chat se rebiffe. Alors, le mari se jette sur le chat, MIAOU ! GRR ! qui griffe, crache et mord là où il peut. Finalement, l'homme réussit à passer la porte d'entrée, MIAOUU ! GRRR ! avec le chat, et la porte claque. Son épouse va dans la cuisine et entreprend de réparer les dégâts. Peu après, la porte d'entrée claque à nouveau.

- Alors, chéri, tu as réussi à te débarrasser de ce chat enragé ?

Et là, une petite voix répond :

- Miaou ! grr !

PSYCHOLOGIE :
chat méchant donne cours à chien gentil.

AVIS : attention, aujourd'hui, M. Mouton s'est fait tondre, on lui a pris toute sa laine et il a les nerfs en pelote.

Deux vaches anglaises broutent dans un pré.
- Ça ne t'inquiète pas, ces histoires de vache folle ? demande l'une.
- Pourquoi ça m'inquiéterait ? s'étonne l'autre. Ça ne me concerne pas, je ne suis pas une vache, je suis une poule !

Mme Escargot prépare à manger, quand elle s'aperçoit qu'elle a oublié la salade.

- Chéri, dit-elle à M. Escargot, est-ce que tu peux aller me chercher une laitue dans le jardin ?

Elle continue de préparer le repas, mais une heure passe et le mari ne revient pas. Elle sort du salon pour voir ce qu'il fait, et le voit toujours au bas de l'escalier.

- Eh bien, que t'est-il arrivé ? Ça fait une heure que je t'attends !

- Oh, si tu cries, je n'y vais pas !

ENTRAIDE : éléphant sans défenses recherche protection contre chasseur aux dents longues.

Un petit ours polaire demande à sa mère :

- Maman, est-ce que je suis un vrai ours polaire ?

La maman :

- Évidemment que tu es un vrai ours polaire, mon petit ! Ton papa et moi sommes de vrais ours polaires, tu es donc aussi un vrai ours polaire !

Le petit ours, pas très rassuré, va voir son père et lui pose la même question. Son papa ours lui répond alors :

- Mais oui, tu es un vrai ours polaire... Ta maman et moi sommes de vrais ours polaires, tu es donc aussi un vrai ours polaire !

Le petit ours polaire, toujours inquiet, va voir son grand-père et lui pose la même question. Le grand- père ours polaire lui répond :

- Mais oui, petit nigaud, t'es un petit ours polaire puisque ta grand-mère, nos enfants et moi sommes de vrais ours polaires ! Pourquoi me poses-tu cette question ?

Le petit ours polaire :

- Parce que j'ai froid !

Furieux d'avoir reçu une fessée de son père parce qu'il avait fait tomber le vase de grand-mère sur le chat, Jérémie raconte à son meilleur copain :

- J'avais d'abord rêvé, pour me venger, de faire sauter la maison avec de la dynamite, mais j'ai trouvé que cette punition n'était pas assez forte pour eux. Alors j'ai volé la télécommande du téléviseur et je l'ai enterrée dans le jardin.

PROVERBE : Quand les crocodiles achèteront des sacs à main, les chiens achèteront des sacs à puce.

Pourquoi ne voit-on pas les éléphants voler dans le ciel ?

(Réponse : parce qu'ils se peignent le ventre en bleu avant de s'envoler pour qu'on ne puisse pas les repérer.)

AMITIÉ : baleine à bosse cherche chameau sympa.

LOISIRS : escargot cherche tortue qui accepte de le laisser monter sur sa carapace, pour connaître l'ivresse de la vitesse.

Que dit un hérisson quand il se cogne contre un cactus ?

(Réponse : il dit : « Comment faites-vous pour avoir la peau aussi douce ? »)

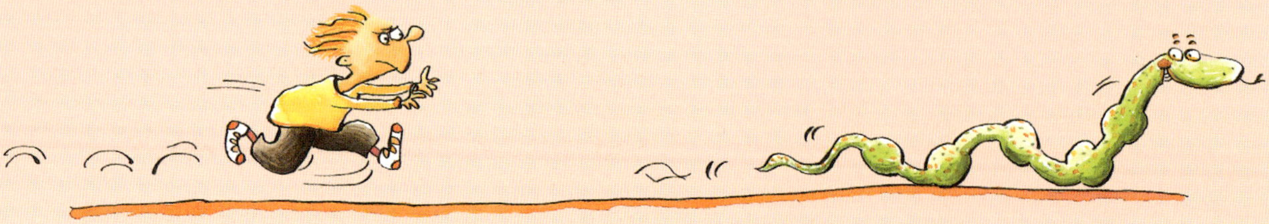

LE SAVIEZ-VOUS ? À Pâques, les serpents gobent des œufs en chocolat.

Mois d'avril fatigué vend poissons farceurs.

DANCING : sardines cherchent boîte sympa.

Quatre fourmis font une course sur un chemin de la grande forêt. Il y a une fourmi rouge, une fourmi rousse, une fourmi noire et une fourmi rose.

La fourmi rouge dit : « Je suis devant la rousse ! »
La fourmi rousse dit : « Je suis devant la noire ! »
La fourmi noire dit : « Je suis devant la rose ! »
La fourmi rose dit : « Je suis la première ! »
Comment est-ce possible ?
- La rose est une sale menteuse !

Une coccinelle, un mille-pattes et un papillon se sont donné rendez-vous.
La coccinelle et le papillon arrivent à l'heure, mais le mille-pattes se fait attendre.
- Mais qu'est-ce qu'il fait, bon sang ! s'énerve la coccinelle. Il devrait être là depuis une demi-heure !
Soudain, le mille-pattes arrive, tout essoufflé.
- Excusez-moi, mais il y a un écriteau, là-bas, qui dit : « Essuyez vos pieds, s'il vous plaît. »

LIGNE : poule au régime cherche ver de terre allégé.

Qu'est-ce qui passe sous la terre à plus de 200 km/h ?

(Réponse : une taupe rapide, mais alors, rapide !)

LIGNE : bourdon un peu enveloppé échange pot de miel contre taille de guêpe.

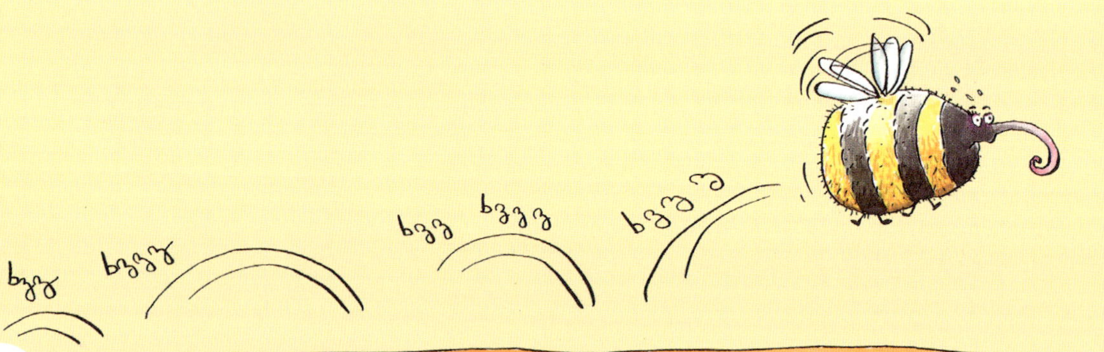

AMOUR : bourdon romantique cherche abeille noctambule pour lune de miel.

Deux escargots se promènent lorsqu'ils croisent des limaces.
- Vite, demi-tour, on est dans un champ de nudistes !

Que craignent le plus les kangourous ?

(Réponse : les pickpockets.)

Un labrador passe des tests pour devenir chien policier.
L'homme, chargé de lui faire passer les examens, lui dit :
- Pour devenir un chien policier, il faut savoir taper à la machine, au moins cinquante mots par minute.
Le labrador s'assied devant la machine et tape quatre-vingts mots à la minute.
- Parfait, dit l'homme. Vous devez aussi réussir le parcours d'obstacles en moins de dix minutes. Le labrador saute les obstacles un par un et termine en quatre minutes. Un vrai record.

- Très bien, le félicite l'homme. Mais il y a une dernière condition : pour devenir chien policier, il faut savoir parler deux langues.
Le labrador le regarde et dit :
- Miaou.

ANIMAUX : directeur de zoo excédé échange perroquet bègue contre une carpe.

Un chien pékinois et un bouledogue jouent au bas d'un immeuble, quand ils voient un berger allemand, à un balcon du deuxième étage.

- Viens jouer avec nous ! On s'éclate, ici !
- Je ne peux pas, répond le berger allemand, ma maîtresse ne me laisse pas sortir seul.
- Tu t'en fiches ! Saute du balcon !
- C'est ça, dit le berger, c'est ça. Pour qu'après, j'aie le nez aussi écrasé que les vôtres !

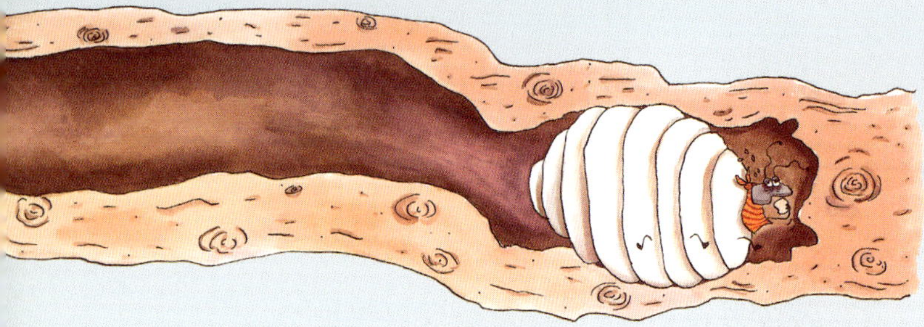

L'arche de Noé vient de s'échouer sur le mont Ararat.
Noé en fait sortir tous les couples d'animaux qu'il avait embarqués avant le déluge, puis demande à Mme Noé de le suivre pour reconstruire le Monde.
- On ne peut pas laisser l'arche comme ça, déclare Mme Noé, cela va polluer l'eau, tout ce bois. Nous devons détruire l'arche avant de nous en aller.
- Ne t'en fais pas pour ça, répond Noé. L'arche n'encombrera pas longtemps le paysage et ne polluera rien du tout. Je laisse à bord le couple de termites, qui se chargera de la faire disparaître...

VOISINAGE : Mme Fourmi accepte que M. et Mme Luciole soient ses voisins, à condition qu'ils éteignent la lumière le soir.

Pourquoi les éléphants se déplacent-ils en troupeaux bien serrés ?
- Parce que celui du milieu a une bonne radio.
Pourquoi les rhinocéros se déplacent-ils en troupeaux bien serrés ?
- Pour faire croire aux éléphants qu'ils ont une radio, eux aussi.
Pourquoi l'éléphant du milieu sort-il du troupeau de temps en temps ?
- Pour changer les piles de la radio.

CONTE : loup déçu échange chaperon rouge contre chat peureux de n'importe quelle couleur.

Maman kangourou saute à travers champs, gaiement. Soudain, elle s'arrête, se gratte le ventre, puis repart en sautillant. Mais, quelques mètres plus loin, elle s'arrête de nouveau, se gratte le ventre, puis repart, avant de s'arrêter à nouveau.

Furieuse, elle se gratte à nouveau le ventre, puis sort son fils de sa poche et lui donne une grosse fessée.

- Ça t'apprendra à manger des biscottes dans ton lit !

DÉMENTI : Monsieur Escargot ne raconte jamais de salades.

FOLIE : asile aquatique
cherche requin marteau.

VOCATION : oiseau écrivain
cherche stylo plume.

Un petit chiot demande
à son père :
- Dis, papa, mon vrai nom,
c'est « Assis » ou « Couché » ?

Des poissons font les fous au milieu de l'océan. Tout à coup, l'un d'eux aperçoit une étoile de mer qui vient dans leur direction.
- Attention, s'écrie-t-il, voilà le shérif !

Une souris se baigne dans un grand lac.
Son copain l'éléphant arrive.
- Hé, dit la souris, viens te baigner, elle est bonne !
- Je ne peux pas, répond le pachyderme, je n'ai pas mon maillot de bain...
- C'est pas grave, je te prête le mien !

Les blagues sur les monstres

Un vampire entre dans un bar fantôme.
- Je voudrais un petit verre de sang, s'il vous plaît.
- Vous avez une préférence ? demande le barman.
- Non, non, non, du moment qu'il est frais.
Cinq minutes plus tard, un second vampire entre à son tour.
- Je voudrais un petit verre de sang, mais du groupe B, s'il vous plaît.
Et le barman, ravi, dit :
- Hum, hum, je vois que monsieur est un connaisseur !

Une jeune touriste américaine visite un vieux château écossais. À la fin de la visite, le guide lui demande si elle a aimé. La jeune touriste reconnaît qu'elle a eu un peu peur de voir débouler un fantôme.

- Ne vous affolez pas, je n'ai jamais vu un fantôme depuis que je suis ici.
- Et cela fait combien de temps ?
- Environ trois siècles...

Un martien débarque dans une station-service et dit à une pompe à essence :

- Enlève ton doigt de ton oreille quand je te parle !

MONSTRUEUSE DEVINETTE : Où vivent les monstres les plus propres ?

(Au fond de ton bain !)

Une maman vampire dit à son fils :

- Et surtout, ne suce pas ton pouce !!!

Deux extraterrestres observent
un feu rouge.
Au bout de quelques minutes,
le feu passe au vert.
- Hé, regarde ! Cet humain vient
de me faire un clin d'œil !

Deux filles discutent :
- Hier, je suis allée au cinéma voir « L'Horrible Vampire du marais de la mort » avec mon petit ami.
- Ah oui ? Et il était comment ?
- Terrifiant ! Imagine un monstre grand et pâle, avec des yeux rouges et des dents pointues, qui bave tout le temps... Beurk !
- Non, pas ton petit ami : le vampire, il était comment ?

Qu'est-ce qui fait trois mètres de haut, qui a quatre mâchoires, vingt-cinq paires d'antennes et quatre-vingts griffes pointues ?
- Je ne sais pas, mais COURS !!!

Le maître demande :
- Maëlle, raconte-nous ce que tu as fait pendant les vacances.
- J'ai parlé à des martiens, maître.
- À des martiens ??? Mais voyons, si les martiens existent, ils vivent sur la planète Mars, pas sur Terre...
- Ben oui, je vous dis pas comment j'ai dû crier fort !

Devinette : Que faut-il faire lorsqu'il y a dix fantômes autour de votre maison ?

(Réponse : Il faut espérer que ce soit Halloween !)

Une maman, très crédule, dit à son petit garçon qui rentre de l'école :

- Que des extraterrestres aient atterri en soucoupe volante et qu'ils se soient jetés sur toi, je veux bien le croire. Qu'ils t'aient volé ton goûter et tes billes, je peux accepter, s'ils avaient envie de jouer en mangeant du chocolat. Mais ce qui m'étonne, dans ton histoire, c'est que je n'arrive pas à comprendre ce que des extraterrestres comptaient faire avec le carnet de notes qu'ils t'ont volé... ?

MONSTRUEUSE DEVINETTE :
Qu'est-ce qui est grand et moche et qui porte des lunettes de soleil ?

(Un monstre en vacances !)

MONSTRUEUSE DEVINETTE :
Où vivent les monstres les plus paresseux ?

(Sous ton lit !)

MONSTRUEUSE DEVINETTE :
Qu'est-ce qu'une maman monstre dit à son fils lorsqu'il est à table ?

(Ne parle pas quand tu as quelqu'un dans ta bouche !)

MONSTRUEUSE DEVINETTE :
Que dit papa Loup-Garou à petit Loup-Garou quand ils sont à table les nuits de pleine lune ?

(On ne hurle pas la bouche pleine !)

C'est un fantôme qui dit à un autre fantôme :
- C'est génial, demain on va récolter plein de cadeaux et de bonbons sans même nous déguiser !
- Ah bon, et comment ?
- On fête Halloween !!!

Un monstre dit à sa femme :

- Épouse ! Dépêche-toi de me servir mon dîner, je meurs de faim !
- Oh, du calme, je fais ce que je peux, je n'ai que sept bras !

Heureusement que notre maître n'est pas un vampire !
- Pourquoi ?
- Parce qu'il nous ferait aussi des contrôles sanguins !

ÉNIGME : un homme habillé tout en noir se promène sur une route. Il n'y a pas de lune, pas d'étoiles, les lampadaires le long de la route sont éteints. L'homme habillé tout en noir est en plein milieu de la route. Une voiture arrive, phares éteints, et pourtant, elle s'arrête et n'écrase pas l'homme habillé tout en noir. Pourquoi ?

(Réponse : il n'y a pas d'étoiles, pas de lune, les phares de la voiture sont éteints. Et pourtant, la voiture s'arrête. C'est normal : il fait jour !)

MONSTRUEUSE DEVINETTE : Qu'est-ce qu'a mangé le monstre qui venait de se faire arracher une mauvaise dent ?

(Il a mangé le dentiste !)

MONSTRUEUSE DEVINETTE : Que dit-on quand on croise un monstre à trois têtes ?

(Bonjour, bonjour, bonjour !)

Devinette : Qu'est-ce qui a de la bave enragée, 124 dents ensanglantées, dix yeux jaunes, 18 pattes griffues et l'air de ne pas avoir mangé depuis des mois ?

(Réponse : Vous ne savez pas ? Moi non plus, mais FUYEZ !!!)

Un fantôme croise un autre fantôme :
- Bonjour, il me semble bien avoir déjà vu votre tête quelque part ?
- Cela m'étonnerait, je l'emporte toujours avec moi !

Un ogre prend l'avion pour la première fois.

Au moment du repas, l'hôtesse lui apporte le menu, mais l'ogre a l'air très déçu.

- Vous ne pourriez pas plutôt m'apporter la liste des passagers ?

La nuit tombe. Deux vampires s'éveillent.

- Je vais chercher du sang, dit l'un.

Il sort du château un instant et revient, la figure pleine de sang.

- Que s'est-il passé ? demande celui qui est resté.
- Tu vois la sortie du château ?
- Oui, je vois.
- 'Y a une rue, puis une pharmacie, tu vois ?
- Oui, oui, je vois.
- À côté de la pharmacie, il y a un poteau, tu vois ?
- Oui, oui, oui, je vois.
- Bah, moi, je l'ai pas vu !

GEL : squelette frileux achète vêtements chauds pour l'hiver.

Où Dracula loge-t-il lorsqu'il va à New York ?

(Réponse : il loge au Vampire State Building.)

BROCANTE : vampire délicat reprend vos vieilles seringues contre une prise de sang gratuite.

Deux copains discutent.

- Oh, cette nuit, j'ai fait un rêve horrible !
- Ah ouais ? Raconte !
- Dans mon rêve, mon vaisseau spatial tombe sur une planète inconnue. Je sors du vaisseau quand, soudain, un énorme monstre me pourchasse !
- Ouah ! Il te rattrape et il te dévore !?
- Mais non, attends ! Je me mets à courir, mais comme je suis en tenue de cosmonaute, je rebondis dans l'air et...
- Et le monstre, il te dévore !?
- Mais non ! Je me mets à voler vers une montagne, mais je me cogne à un rocher ! Je rebondis vers le monstre qui s'approche et...
- Et là, il te rattrape et il te dévore !?
- Mais non ! J'allume les microfusées de ma tenue de cosmonaute et je repars dans l'autre sens, mais le monstre saute et...
- Et il te dévore !!!
- Mais enfin, tu es avec qui, tu es avec moi ou avec le monstre !!!?

VIE PRATIQUE :
dragon paresseux
achète lance-flammes.

COMMERCE :
monstre à sept têtes cherche
coiffeur à quatorze bras.

SERVICE : ogre
sympathique débarrasse
gratuitement maîtres et
maîtresses d'école de
leurs enfants turbulents.

Que dit-on à Merlin quand il se présente ?

(Réponse : on lui dit : « Je suis enchanté de faire votre connaissance. »)

Quelle est la différence entre l'abominable homme des neiges et l'abominable femme des neiges ?

(Réponse : une abominable moustache.)

Que dit un squelette qui rentre dans un bar ?

(Réponse : je voudrais une limonade et une serpillière.)

Les blagues sur les fous

Un fou met un doigt devant sa figure et demande au médecin :

- Qu'est-ce que tu vois, docteur ?
- Je vois un doigt.

Le fou rapproche encore le doigt de sa figure en rigolant :

- Je suis bien caché, hein !?

Devinette : Pourquoi les fous sortent-ils toujours de chez eux avec les cheveux mouillés ?

(C'est parce qu'ils font toujours un bisou à leur poisson rouge en partant !)

Un fou trouve un billet de 5 euros par terre.

Un copain lui demande :

- Qu'est-ce que tu vas faire avec tout cet argent ?

- Je vais m'acheter un porte-feuille à 5 euros, comme ça, je pourrai mettre mon billet dedans !

Un fou est en train de pêcher dans un seau d'eau.

- Qu'est-ce que vous faites ? demande un passant.

- Je pêche la baleine !

- Ah ? Et... vous en avez attrapé beaucoup ?

- Pêcher une baleine dans un seau d'eau ? Mais ça va pas la tête !

Un fou se rend chez un de ses amis :

- Docteur, bonne nouvelle, je ne suis pas malade !

- Ça tombe bien, je ne suis pas docteur !

Un infirmier interpelle un passant :
- Vous n'auriez pas vu le fou qui vient de s'échapper de notre asile ?
- Non, je ne crois pas, il ressemble à quoi ?
- Il est tout petit, tout maigre et il pèse 230 kilos.
- 230 kilos ! Comment peut-il peser 230 kilos s'il est tout maigre ?
- Vous n'écoutez pas ou quoi ??? Il est fou !!!

Deux fous trouvent trois bombes dans un vieux char d'assaut datant de la guerre. Ils décident d'apporter ces bombes à la gendarmerie en les portant dans leurs bras.
- Et s'il y en a une qui explose... s'inquiète l'un des fous.
- C'est rien, répond l'autre, on leur dira qu'on n'en a trouvé que deux !

Un fou lit un annuaire du téléphone.
Son ami arrive et lui demande :
- Alors, il est bon, ton livre ?
- Pas mal, mais je trouve qu'il y a un peu trop de personnages.

Une dame consulte un psychiatre.
- Docteur, je viens vous voir parce que, depuis deux ans, mon mari se prend pour un boomerang !
- Et alors, madame, quel est votre problème ?
- Mon problème, docteur, le voilà : hier, je l'ai lancé comme d'habitude, mais il n'est pas revenu !

Devinette : Pourquoi un fou met-il son journal dans le frigo ?

(Pour avoir des nouvelles fraîches !)

Devinette : Que fait un fou dans un cinéma ?

(Il cherche la télécommande pour changer de chaîne !)

Devinette : Comment sait-on qu'un fou a tapé un texte sur un ordinateur ?

(Il y a des traces de gomme sur l'écran.)

Un vieux sage et un fou font un jeu dont les règles sont simples : chacun d'eux va poser des énigmes à l'autre. Si le fou ne sait pas répondre, il paye 1 euro au sage ; si c'est le vieux sage qui ne sait pas répondre, il paye 100 euros au fou parce qu'il est plus intelligent et qu'il trouve ça plus juste. Le sage commence :

- Qu'est-ce qui a 4 pattes et qui miaule ?
- Je sais pas, dit le fou. Tiens, voilà 1 euro.
- C'était un chat ! dit le sage. Une autre : Qu'est-ce qui a 4 pattes et qui aboie ?
- Je sais pas, répond encore le fou. Tiens, voilà 1 euro.
- C'était un chien ! s'exclame le sage. Bon, à ton tour maintenant.
- Euh... Bon, qu'est-ce qui a 8 pattes le matin et 4 pattes le soir ? demande le fou.

Le vieux sage réfléchit, réfléchit, il réfléchit pendant une heure mais ne trouve pas. Il se trouve obligé de donner sa langue au chat.

- Je ne sais pas, dit-il. Tiens, voilà tes 100 euros...

Mais, alors, c'était quoi la réponse ?

- Je sais pas, dit le fou.

Tiens, voilà 1 euro.

Devinette : Comment les fous éteignent-ils la lumière, le soir ?

(En fermant les yeux !)

BONNE NOUVELLE : fou guéri vend araignée au plafond.

Devinette : Pourquoi les fous remplissent leurs frigidaires de glaçons ?

(Pour que les frigos restent froids.)

C'est un docteur qui dit à un fou :
- Alors, pour qui vous prenez-vous, aujourd'hui ?
- Je suis le meilleur ami de Superman.
À ce moment-là passe un autre fou.
Il s'écrie :
- Ce n'est pas vrai, je ne connais pas ce gars-là !

Un fou se précipite dans le cabinet du médecin de l'asile.
- Docteur, j'ai un problème : j'ai une carotte qui pousse dans mon oreille gauche !
- C'est assez surprenant, en effet !
- Ben oui... parce que j'y avais planté des salades !

Un fou se présente à un entretien d'embauche.
- Bonjour, monsieur.
- Quel âge avez-vous ? lui demande le directeur.
Le fou compte alors sur ses doigts et finit par répondre :
- 22 ans !
- Et quelle est votre taille ?
Le fou se lève, prend une règle qui traîne sur le bureau du directeur et essaie de se mesurer avec. Finalement, il répond :
- Je mesure 175 centimètres.
- Et comment vous appelez-vous ?
Le fou commence à bouger sa tête de gauche à droite et de droite à gauche pendant une dizaine de secondes, en remuant les lèvres mais sans émettre un son... Puis, finalement, il dit :
- François !
- Écoutez, je peux comprendre que vous soyez obligé de compter sur vos doigts pour donner votre âge, je peux aussi comprendre que vous ne reteniez pas votre taille, mais j'aimerais vraiment savoir ce que vous faisiez avant de me répondre « François » ?
- C'était juste pour me rappeler les paroles de la chanson :
« Joyeux anniversaire, joyeux anniversaire, joyeux anniversaire, François ! »

Deux fous jouent aux devinettes :
- Qu'est-ce que j'ai dans
la main ?
- Une mouche ?
- Non !
- Une guêpe ?
- Non, non !
- Un éléphant ?
L'autre regarde dans
sa main, la referme et dit :
- De quelle couleur ?

Deux fous se promènent dans
la cour de l'asile avec une
casserole sur la tête.
- Pfouuuu ! C'est superlourd à porter,
et en plus il fait très chaud dessous !
- T'as raison, ils devraient faire des casseroles
en paille pour l'été !

Dans un asile, un fou est dans une barque au milieu de la pelouse du parc, et il essaie de ramer, sans faire avancer le petit bateau d'un centimètre. Un autre fou passe dans l'allée et lui lance :

- C'est à cause de fous comme toi que l'on nous garde tous à l'asile !

L'autre s'arrête de ramer dans l'herbe et répond :

- Ah bon ? Je ne savais pas... Je suis désolé, vraiment.

- Ouais, bah, tu peux l'être ! Si je savais nager, je viendrais te mettre une bonne correction, tiens !

Un fou va acheter une pizza. Le marchand lui demande :

- Je vous la découpe en quatre ou huit parts ?

- Oh, en quatre parce que je ne pourrai jamais en manger huit !

HISTOIRE ABSURDE : Un fou fait la collection de trous. Toute la journée, il remplit son camion des trous qu'il trouve dans la rue. Un jour, boum, il entend un grand bruit : un grand trou qu'il venait de ramasser est tombé de son camion !
Vite, il fait marche arrière et... il tombe dans le trou !

Devinette : Pourquoi les fous découpent-ils leurs vêtements à carreaux avant de les laver ?

(Parce que sur l'étiquette, il est écrit : « Laver les couleurs séparément.»)

Deux fous sont en safari en Afrique. Soudain, un lion sort de la brousse et se jette sur l'un des deux. Après une dure bataille, il réussit à se dégager de la bête et à la faire fuir. Il rejoint alors son ami, tout sale, et les vêtements en lambeaux.

- Espèce d'idiot, pourquoi tu n'as pas tiré ?
Ce lion a failli me tuer !

- Mais je ne pouvais pas tirer, tu m'as dit que c'était un fusil pour les éléphants...

Deux fous se promènent dans la rue.
L'un d'eux ramasse un morceau de miroir. Il le regarde un instant, voit son visage et s'exclame :

- Hé ! La tête de ce type me dit quelque chose !

L'autre prend le miroir et le regarde à son tour.

- Pas étonnant !
C'est moi !

COURRIER : fou subtil achète enveloppes timbrées.

Comment les fous font-ils pour chasser le canard sans fusil ?

(Réponse : ils lancent leurs chiens de chasse très haut.)

Un fou vient d'être amené à l'asile par deux infirmiers. À peine entré, il s'écrie :
- Dites donc ! Il y a un monde fou, là-dedans !

Un fou entre dans un magasin d'électroménager pour s'acheter une télé.

Il va voir un vendeur et lui dit :

- Bonjour, monsieur, je voudrais acheter cette télé.

Le vendeur :

- Désolé, on ne vend pas aux fous.

Déçu, le fou rentre chez lui et se déguise. Il met une fausse barbe, des fausses moustaches et un grand chapeau, et retourne au magasin. Il va de nouveau voir le vendeur :

- Bonjour, monsieur, je voudrais acheter cette télé.

Le vendeur, énervé, lui répond :

- Je vous ai déjà dit qu'on ne vendait pas aux fous !

- Mais comment vous m'avez reconnu !?

- C'est pas une télé, c'est un four micro-ondes !

Le directeur d'un asile de fous fait visiter à un journaliste le bâtiment :

- Au premier étage, c'est ceux qui sont un peu fous, au deuxième c'est ceux qui ne sont pas très fous, au troisième, ceux qui sont moyennement fous, au quatrième, ceux qui sont assez fous, au cinquième c'est ceux qui sont très fous, au sixième, c'est les fous dangereux.
- Et au septième étage ? demande le journaliste.
- Au septième ? C'est mon bureau !

Dans un train reliant Paris à Marseille, un fou se penche constamment à la fenêtre pour jeter des pincées de sel. Son voisin, étonné, lui demande :

- Pourquoi faites-vous cela ?
- Pour éviter d'être attaqué par des tigres, répond le fou.
- Mais enfin ! Il n'y a pas de tigre en France !
- Ben oui, puisque je lance du sel ! Vous voyez bien que ça marche !

Un savant fou a décidé d'aller en fusée se poser sur le Soleil. D'autres savants lui ont expliqué que c'était impossible à cause de la chaleur. Alors le savant fou a déclaré qu'il s'y poserait la nuit.

Un fou entre dans une boulangerie. Il est rempli de tics et s'exprime difficilement. Il commande un énorme gâteau d'anniversaire. La boulangère lui fait la conversation :

- Il est pour qui, ce beau gâteau ?
- C'est pour ma 'tite sœur, elle a 12 ans au... au... aujourd'hui !
- Et comment s'appelle-t-elle, votre petite sœur ?
- Elle s'appelle Pétale !
- Pétale ! Quel joli prénom ! s'exclame la boulangère.
- Oui, on l'a appelée comme ça parce que... que... que le jour où elle est née, alors qu'elle dormait dans... dans... dans son berceau, un pétale de rose poussé par le vent est venu se poser délica-ca-catement sur elle. Alors, on l'a appelée Pétale...
- Et vous, comment vous appelez-vous ?
- Moi, on m'appelle Poutrelle !

Pourquoi les fous ont-ils un verre d'eau vide et un verre d'eau plein sur leur table de nuit ?

(Réponse : parce que parfois, ils ont soif, et parfois, ils n'ont pas soif.)

Deux fous dans une voiture.
L'un : « Au secours, il n'y a plus de freins ! »
L'autre : « Ne t'inquiète pas, il y a un panneau Stop en bas de la rue. »

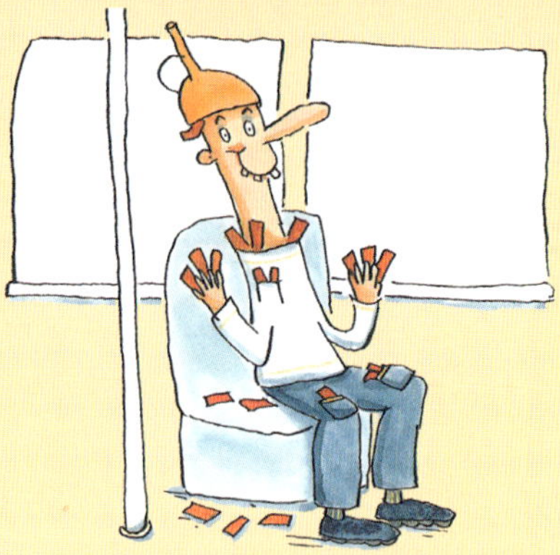

Un fou prend le bus tous les matins et, chaque fois, il achète deux tickets pour le même trajet. Comme cela tous les matins. Au bout d'une semaine, le contrôleur, très intrigué, lui demande :

- Écoutez, pourquoi donc achetez-vous deux tickets alors qu'un seul suffit ?
- C'est très simple, lui répond le fou. Je mets un ticket dans ma poche droite et l'autre dans ma poche gauche. Si je perds le ticket de la poche droite, il me reste celui de la poche gauche. Si je perds celui de la poche gauche, j'ai encore celui de la poche droite !
- Ah oui ? Et si vous les perdez tous les deux en même temps ?
- Ce n'est pas grave, lui répond le fou, j'ai un abonnement !

Comment savoir si un fou a utilisé un ordinateur ?

(Réponse : il y a du fromage à côté de la souris.)

Un fou entre dans un café à Paris.
- Garçon ! Une limonade avec une rondelle de citron, je vous prie.
Le garçon lui apporte la limonade dans un grand verre et la rondelle de citron dans une petite soucoupe en porcelaine.
Le fou trempe la rondelle de citron dans la limonade avant de boire. Puis il mange la soucoupe en porcelaine.
- Garçon, la même chose !
Le garçon, à nouveau, lui apporte la limonade dans un grand verre, et la rondelle de citron dans une soucoupe.
Le fou trempe une nouvelle fois sa rondelle de citron dans la limonade avant de boire, puis mange la soucoupe en porcelaine. Au moment de payer l'addition, il dit au garçon :
- Vous savez, votre limonade est vraiment excellente, mais, sans vouloir critiquer, vos sandwichs sont presque immangeables...

Une dame, très fière, parle à un fou.

« Mon bébé marche depuis trois mois, déjà. »
Le fou hausse les sourcils de surprise. « Depuis trois mois ! Il doit être loin, maintenant. »

Un savant fou réalise une expérience sur une grenouille. Il lui attache une patte dans le dos et lui demande de sauter. La grenouille saute. Ensuite, il lui attache une deuxième patte dans le dos et lui demande de sauter. La grenouille saute. Il lui attache une troisième patte dans le dos, lui demande de sauter, et, tant bien que mal, la grenouille parvient à sauter. Enfin, il lui attache la quatrième patte dans le dos et lui demande de sauter. Bien évidemment, la grenouille ne saute pas. Il lui redemande en parlant un peu plus fort, toujours pas de saut, puis se met carrément à crier, mais la grenouille, les quatre pattes attachées, ne peut pas sauter. Le savant fou téléphone donc à un ami scientifique.

- J'ai les résultats, dit-il. Si on attache les quatre pattes d'une grenouille dans son dos, elle devient totalement sourde.

Un fou dans un café demande s'il peut avoir un morceau de sucre.
- Encore ! s'exclame le barman. C'est au moins le dixième sucre que je vous donne !
- C'est vrai, répond le fou, ennuyé, mais ils fondent tous dans mon thé !

Le directeur d'un asile de fous parle à un de ses pensionnaires.
- Alors, mon ami, il paraît que vous vous tapez sur la tête avec un marteau douze heures par jour ?
- C'est vrai, répond le fou, mais j'utilise un marteau en caoutchouc.
- Ah bon ? Et pour quelles raisons ?
- Parce que, sinon, ça ferait trop mal ! Je suis peut-être fou, mais je ne suis pas idiot !

Un fou se jette du haut de la tour Eiffel et s'écrase sur le sol. Tout de suite, un attroupement de curieux se forme.
Un policier arrive :
- Qu'est-ce qui se passe, ici ?
Le fou relève la tête :
- Je n'en sais rien, je viens d'arriver !

Un fou va à l'hôtel. En pleine nuit, il descend à la réception pour demander un verre d'eau. On lui donne, il remonte dans sa chambre, puis revient demander un autre verre d'eau deux minutes plus tard. On lui donne, il remonte dans sa chambre, puis vient de nouveau demander un verre d'eau.

Au bout de la dixième fois, le réceptionniste se fâche.
- Ça va durer encore longtemps, ce petit manège ? Qu'est-ce que vous fichez avec tous ces verres d'eau, nom d'une pipe en bois ?
- C'est pas ma faute, explique le fou. Il y a le feu dans ma chambre, il faut bien que je l'éteigne !

Les blagues chez le médecin

- Docteur, tout le monde me prend pour un chien.
- Mmmh… je vois. Allongez-vous, je vais vous examiner.

Le patient s'allonge.

- Mais c'est très bien, ça ! s'exclame le docteur. C'est un bon chien ! Tu veux un su-sucre ?

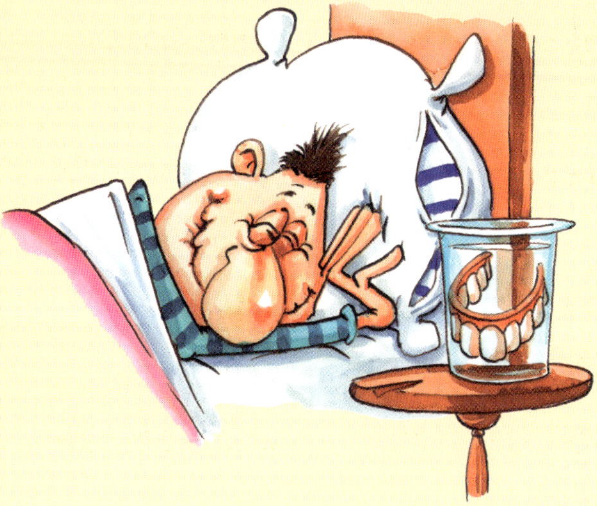

Un homme va chez son médecin.
- Docteur, je souffre affreusement des dents quand je dors. Qu'est-ce que je peux faire ?
- C'est très simple : enlevez-les avant de vous coucher !

Pourquoi les Martiens sont-ils tout verts ?

Parce qu'ils mangent trop de roquette !

- Docteur ! Docteur ! Mon fils a avalé mon stylo, qu'est-ce que je fais ???
- Utilisez un crayon à papier le temps que j'arrive !

Un dentiste n'a plus d'anesthésique pour le dernier patient de la journée. Plutôt que d'annuler le rendez-vous, il donne une très grosse aiguille à l'infirmière et lui dit :

- Quand je vous ferai signe, vous planterez l'aiguille dans le pied du patient.

Le patient arrive, le docteur commence à lui triturer la dent, et, au moment de l'arracher, il fait signe à l'infirmière qui plante l'aiguille dans le pied du pauvre homme pendant que le dentiste tire de toutes ses forces et arrache la dent d'un coup.

Peu après, le docteur demande :

- Alors, vous n'avez pas eu trop mal quand je vous ai arraché la dent ?

- Non, je n'ai presque rien senti dans la bouche, mais en revanche, dans mon pied... Je ne savais pas que les racines d'une dent étaient aussi profondes !!!

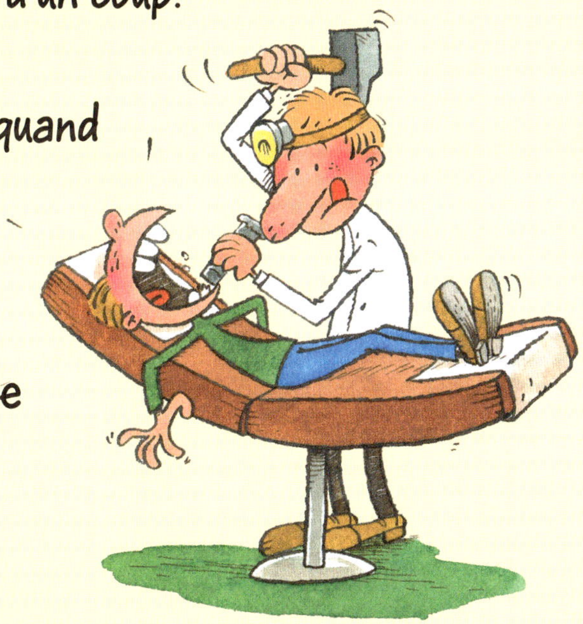

- Jeanne revient de chez le dentiste.

- Alors, est-ce que ta dent te fait encore mal ?

- Je ne sais pas, elle est restée chez le dentiste.

Un chirurgien se fâche après son patient :
- C'est la huitième fois que vous vous cassez les jambes en vous entraînant à la course sur des sentiers truffés de rochers !

Si vous continuez comme ça, on va finir par vous les couper, vos jambes !!!
Et le patient :
- Si vous faites ça, je ne remettrai jamais les pieds chez vous !

L'infirmière arrive, un bébé dans les bras.
Le père, fou de joie, lui dit :
- Regardez comme il me ressemble ! C'est tout mon portrait, ce bébé !
L'infirmière, l'air gêné, lui répond :
- Oui, c'est vrai, mais ce n'est pas bien grave s'il n'est pas très beau ; le principal, c'est qu'il soit en bonne santé !

- Docteur, je fais tout ce qu'on me dit, j'ai l'impression d'être un mouton...
- Maîîîîîs pourquoîîîîîî, c'est trop bêêêêêêêête !

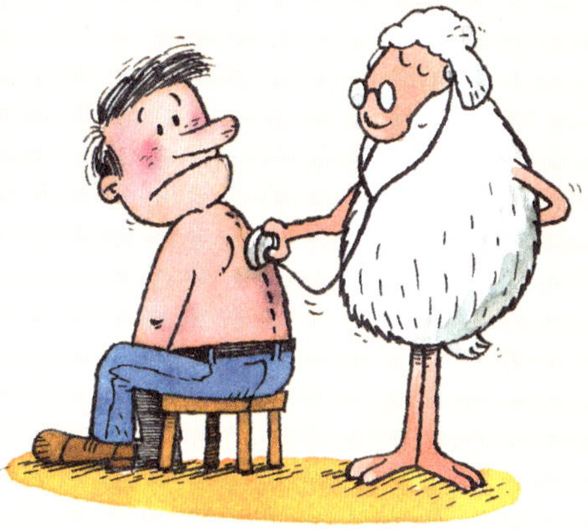

- Docteur, j'ai l'impression que je suis deux personnes.
- Ne parlez pas tous les deux en même temps, s'il vous plaît !

- Docteur, je ne sais pas ce qu'il m'arrive. Le matin, mon dos me fait un mal de chien. À midi, j'ai tellement faim que je mange comme une vache, et le soir, je suis tellement fatigué que je dors comme un ours. Qu'est-ce que je peux faire ?
- Bof, allez voir un vétérinaire !

- Docteur, j'ai des migraines terribles depuis un an, je n'en peux plus.
- Oh... vous savez, il n'y a pas grand-chose à faire, aucun médicament n'est vraiment efficace contre le mal de tête. Mais je peux vous donner un conseil : quand j'ai la migraine, je rentre chez moi, je prends un bain très froid dans ma baignoire, puis je sors de l'eau, je m'essuie avec ma grande serviette, je mets des vêtements frais et je vais manger tout ce qu'il y a dans mon frigo. Ensuite, je m'allonge dans mon canapé, et je fais une bonne sieste. Essayez ça, et revenez me voir la semaine prochaine.
Une semaine passe, et le patient revient.
- Oh, docteur, c'est magique, vraiment ! J'ai eu quatre migraines cette semaine, et j'ai fait exactement ce que vous m'avez dit, et c'est passé !
- Aaaah, je suis content que ça vous ait guéri !
- Moi aussi. Et en plus, je voulais vraiment vous dire que votre maison est trèèèès confortable !

- Docteur, il y a l'homme invisible dans votre salle d'attente !
- Mmmh... Dites-lui que je ne peux pas le voir maintenant...

Le docteur à son patient :
- Alors, vous prenez bien les pilules que je vous ai prescrites pour vos problèmes de mémoire ?
- Quelles pilules ?

Le médecin demande :
- Infirmière, quelles sont les nouvelles de la petite fille qui avait avalé un billet de 5 euros hier ?
- Aucune, docteur, elle ne nous a même pas rendu la monnaie !

Un patient s'inquiète.

- Docteur, je dois avoir un gros problème de vue. Le matin, j'y vois parfaitement bien. À midi, je commence à voir double, et le soir, je n'y vois plus rien du tout, et j'ai très mal à la tête.

Le médecin réfléchit.

- Mmmh... Quel est votre métier ?
- Euh... je vends du vin...

- Docteur ! Je viens de me faire mordre la jambe par un loup-garou !
- Mon pauvre ! Est-ce que vous avez mis quelque chose sur votre jambe ?
- Euh... non, docteur, il a semblé l'aimer comme ça, sans assaisonnement...

Docteur, est-ce que vous avez quelque chose pour un gros mal de tête ?

- Bien sûr, prenez un bon marteau, tapez-vous la tête avec, et là, vous aurez un bon gros mal de tête !

- Docteur, il faut m'aider, je n'arrête pas de m'énerver après tout le monde.
- Mmmh... Parlez-moi de ce problème...
- JE VIENS JUSTE DE LE FAIRE, ESPÈCE DE CRÉTIN !!!

Un homme qui a des problèmes de vue se rend chez le médecin.

- Docteur, je n'y vois presque plus, il me faut absolument des lunettes !

- Ah ? Très bien... mais ici, c'est une banque, cher monsieur...

Une patiente est venue se faire arracher une dent chez le dentiste.

Quand c'est terminé, elle tâte avec son doigt et s'écrie, furieuse :

- Mais vous en avez arraché deux ! Et aucune n'est la bonne !

Très calme, le dentiste lui répond :

- Calmez-vous, calmez-vous, je me rapproche peu à peu...

Un enfant va chez le dentiste.
Il s'allonge sur le siège et attrape les cheveux du dentiste.
- Euh... tu es en train de me tirer les cheveux, petit...
- Oui... et donc on va bien faire attention à ne pas se faire de mal, tous les deux, OK...?

Un pirate va chez le médecin :
- Docteur, ma jambe de bois me fait très mal.
- Comment est-ce possible ???

- Mon épouse n'arrête pas de me taper sur la tête avec quand je bois trop de rhum !

Dans un hôpital, un malade en blouse blanche court comme un fou vers la sortie. Un surveillant l'arrête.

- Allons, monsieur, vous ne pouvez pas sortir habillé comme ça ! Que se passe-t-il ?

- J'ai entendu une infirmière dire : « Ne vous inquiétez pas, monsieur, c'est une opération très simple, tout va bien se passer ! »

- Elle a sans doute raison, voyons, elle essayait simplement de vous rassurer.

- Mais elle ne me parlait pas à moi. Elle disait ça au chirurgien qui doit m'opérer !

- Docteur, je me prends pour un chat.

Le médecin lui montre le divan.

- Hum ! Asseyez-vous là, je vais vous examiner.

- Je ne peux pas : je n'ai pas le droit de monter sur les canapés.

Chez le dentiste :

- Docteur, combien ça va me coûter pour me faire retirer cette dent ?
- Cela vous coûtera 90 euros, mais je vais aller vite, vous ne souffrirez pas du tout.
- 90 euros pour quelques minutes de travail ! Ben, vous ne vous embêtez pas !
- Je peux vous la retirer très lentement si vous préférez...

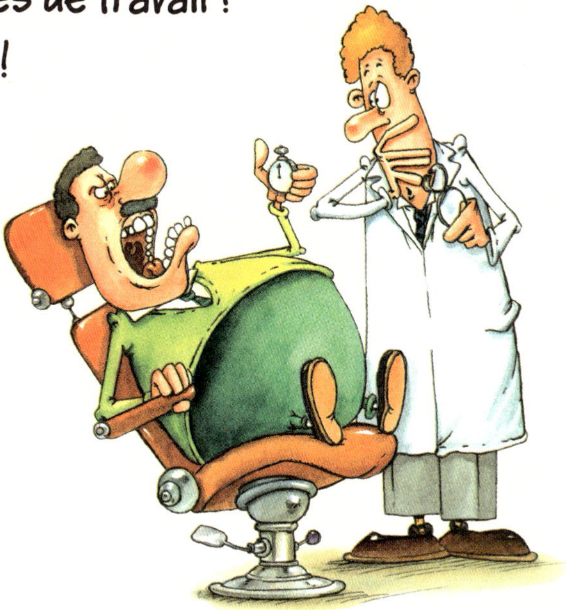

- Docteur, docteur, je voudrais bien maigrir...
- Attendez le printemps, vous verrez, vous allez fondre !

- Docteur, j'ai un problème : je ne me souviens jamais de ce que je dis aux gens !
- Mmmh... Quand est-ce que ce problème a commencé ?
- Quel problème ?

- Docteur, je crois que je suis une petite cuillère à café.
- Mmmmh... Asseyez-vous près de ma tasse et ne touillez pas trop fort.

- Docteur, je me prends pour un cheval de course !
- Tenez, prenez ces pilules tous les quatre tours de piste.

Une dame et son mari arrivent dans le cabinet du dentiste.
- Docteur, dit la dame d'un ton autoritaire, nous sommes très pressés, alors pas de trucs inutiles, pas besoin d'endormir la dent, d'utiliser tout un tas de produits et d'y aller doucement. Vous prenez vos outils, vous arrachez la dent d'un coup, et hop ! on s'en va.
- Eh bien, répond le dentiste, c'est rare de voir une patiente aussi courageuse face à la douleur ! De quelle dent s'agit-il ?
La dame se tourne vers son mari, qui est devenu tout pâle.
- Montre-lui ta dent, chéri !

Le médecin demande à son patient :
- Depuis quand vous prenez-vous pour une poule ?
- Oh, depuis que je suis un tout jeune poussin !

- Docteur, je perds la mémoire, que dois-je faire ?
- Commencez déjà par me payer, on verra après !

Un homme va chez son médecin.
- Docteur, je perds mes dents, je perds mes cheveux, je perds mes poils...
Le docteur répond :
- Vous devez être vraiment distrait !

Sophie a un très gros rhume. Quand le docteur a fini de l'examiner, elle demande :

- Docteur, je suis courageuse, dites-moi la vérité : quand dois-je retourner à l'école ?

Une dame va à la pharmacie, furieuse.

- La poudre antimoustiques que vous m'avez vendue hier ne vaut rien du tout !

- Mais madame, elle fonctionne très bien : vous attrapez le moustique, vous lui ouvrez la bouche et vous lui mettez deux grains de poudre dedans, vous verrez, c'est ra-di-cal !

Le dentiste dit à son patient :
- Écoutez, j'ai une bonne et une mauvaise nouvelle pour vous.
- Commencez par la mauvaise...
- Je dois vous enlever quatre dents !
- Quatre dents ! C'est terrible ! Et quelle est la bonne nouvelle, alors ?
- Toutes les autres dents sont tellement mauvaises qu'elles vont tomber toutes seules, et ça ne vous coûtera pas un sou !

Chez le médecin, une femme demande quelle maladie a son mari qui ne se sent pas très bien. Le médecin répond :
- Mais votre mari n'a rien, madame, il croit qu'il est malade, voilà tout.

Une semaine plus tard, la femme appelle le médecin au téléphone :
- Docteur, mon mari croit qu'il est mort !

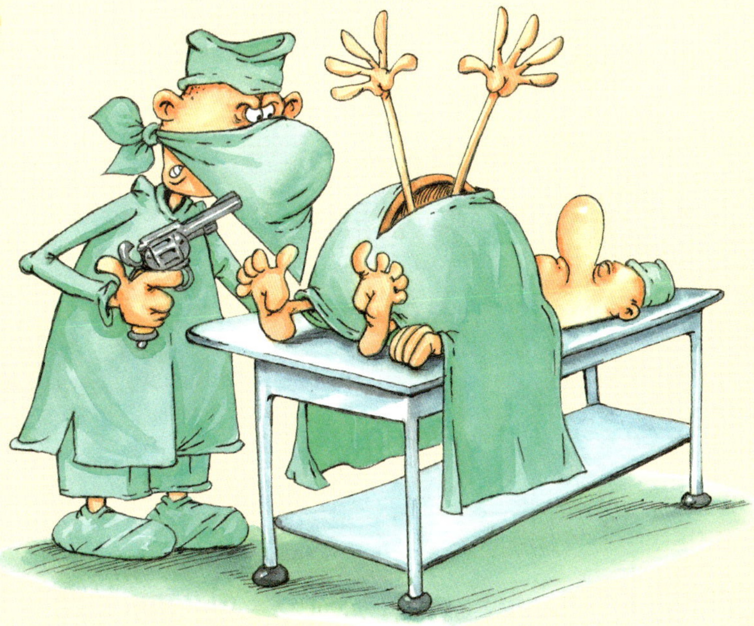

Lors d'une petite opération chirurgicale, Thomas a visiblement été impressionné par les masques des chirurgiens. Retrouvant son papa, et encore méfiant, il lui dit sur le ton du secret...
- Papa, je me suis fait opérer par des bandits...

Docteur, hier, j'ai mangé des huîtres pour la première fois et, aujourd'hui, j'ai vraiment très mal à l'estomac.

- Elles ne devaient pas être très fraîches. Vous auriez dû les sentir avant de les ouvrir.
- Ah bon, parce qu'il fallait les ouvrir ?

- Je ne comprends pas, docteur : vous me prescrivez des gouttes pour les yeux alors que je me suis blessé au doigt ?
- C'est simple : si vous aviez bien vu ce clou, vous ne vous seriez pas tapé sur le doigt !

Le docteur est très étonné :
- Mais enfin, monsieur, vous êtes en parfaite santé !
- Oui, mais la semaine dernière, je toussais et j'avais de la fièvre...
- Dans ce cas, pourquoi n'êtes-vous pas venu me voir la semaine dernière ???
- Bah... je ne pouvais pas, je vous dis : j'étais malade !!!

Un type va voir le psychiatre :
- Docteur, j'ai un problème. Ma femme se prend pour moi.
Le médecin lui répond :
- Bon, alors, envoyez-la-moi.
Le type répond :
- Mais, docteur, je suis là !

- Allô, docteur ? Mon fils vient d'avaler une souris !
- Quoi ? Bon, c'est très simple : mettez un bout de gruyère dans sa bouche, ça attirera la souris, qui ressortira et on l'attrapera. J'arrive tout de suite !
Un quart d'heure plus tard, le docteur arrive et voit le garçon avec une sardine dans la bouche.
- Mais enfin, madame, je vous avais dit de mettre du gruyère !
- Oui, mais maintenant, c'est le chat qu'il faut faire sortir...

Le médecin à son patient :
- Allons, buvez ce médicament, et vous vous sentirez mieux.
Le patient boit.
- C'est tout, docteur ? Ça va me guérir complètement ? Et ça agit en combien de temps ?
- 10, répond le médecin.
- 10, mais 10 quoi ? Dix semaines ? Dix jours ?
- ... 10, 9, 8, 7, 6...

Un patient se plaint au médecin :
- Docteur, personne ne me prend au sérieux.
- Allons, vous voulez rire ?

Devinette : Dans quel métier est-on sûr de voir sa clientèle grandir de jour en jour ?

(Réponse : Pédiatre, médecin pour enfants.)

ENNUI : mouchoir sans emploi cherche nez enrhumé.

À vingt-deux heures, un homme frappe avec insistance à la porte de son médecin. Lassé, celui-ci vient ouvrir en ronchonnant.

- Vous savez pourtant, proteste-t-il, que je ne reçois que jusqu'à 18 heures !

- Oui, répond l'homme, mais le chien qui m'a mordu la jambe ne le savait pas, lui !

Le dentiste prévient son patient :

- C'est une petite carie. Je vais creuser la dent avec la roulette, alors surtout, criez très fort ! Le patient devient tout pâle.

- Ça... ça va faire si mal que ça ?

- Non, répond le dentiste, vous ne sentirez absolument rien, mais il y a au moins dix personnes dans la salle d'attente, et je n'ai pas envie de louper le match de foot à la télé.

- Docteur, je voudrais perdre du poids.
- Hmmm. Très bien, je vais vous prescrire un cadenas.
- Un... cadenas ?
- Oui, pour mettre sur la porte de votre réfrigérateur !

Un homme va voir son médecin et lui explique qu'il ne se sent pas très bien ces derniers temps. Le médecin l'ausculte en silence et sort de son armoire à pharmacie trois bocaux remplis de pilules.
- Écoutez-moi bien, dit le docteur. Le matin avant le petit déjeuner, vous prendrez une pilule bleue avec un très grand verre d'eau. Le midi avant le repas, vous prendrez une pilule rouge avec un très grand verre d'eau. Le soir, avant de vous coucher, vous prendrez une pilule verte avec un très grand verre d'eau.
- Trois médicaments ? C'est donc si grave ??? Mais qu'est-ce que j'ai ?
- Vous ne buvez pas assez d'eau.

Un médecin fait entrer un patient dans son cabinet.
- Alors, qu'est-ce qui ne va pas ? demande-t-il.
Le patient ne répond rien.
Il s'assied par terre, met le nez sur le sol, se tord la jambe droite, la passe par-dessus sa tête et la cale bien sur sa nuque. Puis il se tord la jambe gauche, la met sous la jambe droite, autour de son cou.

- Vous voyez, docteur, gémit-il, quand je fais ça, j'ai mal partout !

Un myope se fait accompagner chez l'ophtalmologiste.
- Docteur, dit-il, je ne vois rien du tout, il faut absolument me soigner...
L'ophtalmologiste hoche la tête.
- Voyons ça : lisez-moi les lettres qui sont sur le tableau, au mur.
- Quel tableau ?

Un gros homme est jugé dans un tribunal.
- J'ai tendance à grossir, explique-t-il au juge. Je suis allé voir un médecin pour qu'il me donne un régime. Le premier jour, il m'a supprimé le pain. Le second, il m'a supprimé le sel.

Le troisième, il m'a supprimé le beurre et l'huile. Le quatrième, il m'a supprimé la viande, les œufs, le lait, l'alcool et les plats en sauce.
Le cinquième jour, il m'a supprimé les pâtes et les patates.
- Et le sixième jour ? interroge le juge.
- Le sixième jour, j'ai supprimé le médecin.

URGENCE : tigre ayant une rage de dents cherche dentiste très courageux.

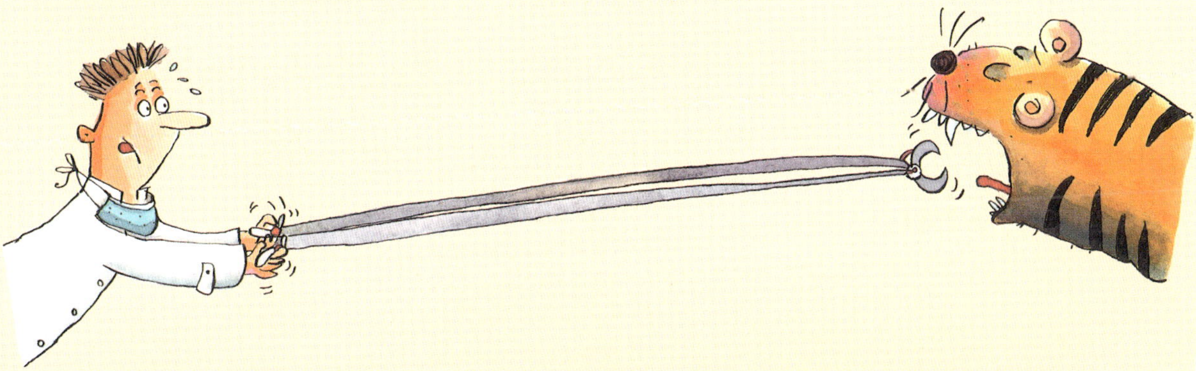

Un paresseux va consulter son médecin pour des insomnies.

- Je ne comprends pas pourquoi je n'arrive pas à dormir la nuit, alors que, toute la journée, je dors si bien à mon travail !

Un homme dit à son médecin :

- Ma femme dit que je suis fou parce que j'aime les croissants.

- Ah ? s'étonne le médecin.

Pourtant, beaucoup de gens aiment les croissants. Moi-même, j'adore les croissants !

- Dans ce cas, venez chez moi, j'en mange deux mille par jour, je peux bien vous en offrir une centaine.

Une jeune fille, qui souhaite devenir infirmière, passe son examen de fin d'année.

- Citez-moi, dit l'examinateur, une maladie causée par l'eau.
- Euh... La noyade ?

VOCATION : M. Moustique cherche place d'infirmier spécialiste des prises de sang.

MÉDECINE : araignée myope à huit yeux cherche opticien pas cher.

Quand les pneus vont-ils chez le médecin ?

(Réponse : quand ils sont crevés.)

Un médecin examine un patient que l'on vient d'opérer des deux jambes.

- Vos résultats sont très bons. D'ici un mois, vous pourrez danser le rock sans problème.
- Quoi ? C'est un miracle ! s'exclame le patient.
- Pourquoi donc ?
- Eh bien, parce qu'avant mon opération, je ne savais pas danser le rock !

Un paresseux va chez le médecin.
- En ce moment, j'ai des insomnies terribles. Je n'arrive plus à dormir normalement.
- Vous vous réveillez souvent ? interroge le docteur.
- Oh oui ! Tous les trois jours.

Un médecin désolé dispute son patient :
- Voilà trois semaines que je vous soigne pour votre jaunisse, et c'est seulement aujourd'hui que vous me dites que vous êtes chinois !

Un vétérinaire vient de terminer d'examiner un perroquet atteint d'une angine depuis quelques jours.
- Bon, dit-il à l'animal, en désignant un tas de plumes par terre, j'ai fini. Vous pouvez vous rhabiller.

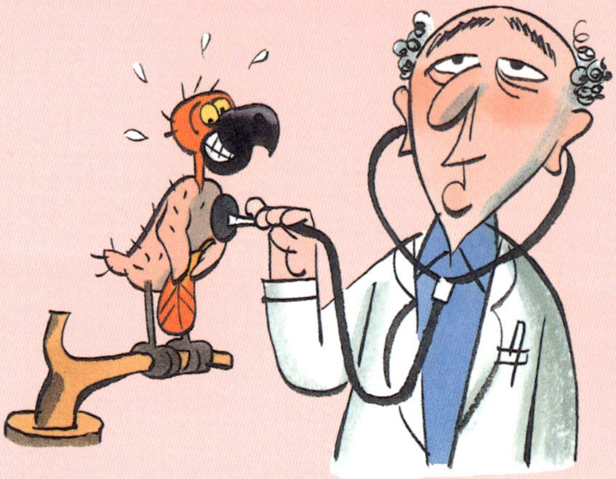

Deux bébés viennent de naître à l'hôpital. L'un dit à l'autre :
- T'es une fille ou un garçon ?
- J'suis une petite fille. Et toi ?
- Moi, je ne sais pas.
- Baisse ton drap, dit la petite fille, je vais te dire ce que tu es.
Le bébé baisse son drap.
- Plus bas, je ne vois rien.
Le bébé baisse encore le drap, et la petite fille sourit.
- T'es un garçon, tu as des chaussons bleus.

Les blagues au resto

Un client furieux appelle le serveur :
- Garçon ! Il est hors de question que je mange cette cochonnerie ! Appelez-moi le maître d'hôtel !
- Ce n'est pas la peine, monsieur, lui non plus il ne voudra pas manger cette cochonnerie !

Au restaurant :
- Garçon ! Ce poulet que vous m'avez servi a une patte plus grosse que l'autre !
- Et alors, dit le garçon, vous avez commandé un poulet pour le manger ou pour danser avec ?

Maman et papa s'apprêtent à aller au restaurant.
- Chéri, comment veux-tu que je m'habille ?
- Je voudrais que tu t'habilles... VITE !

- Garçon ! Il y a une mouche dans ma soupe !
- Ne le dites pas trop fort, nous n'en avons pas pour tout le monde... !

- Garçon, mon café est d'hier. C'est un scandale, appelez-moi le patron !

- Bien, monsieur.

Le patron arrive.

- Le café que vous servez n'est pas frais, il est d'hier, ça se sent !

- Oui, effectivement, monsieur, c'est vrai, ce café a été préparé hier.

- Mais j'exige un café d'aujourd'hui, moi !!!

- Pas de problème, monsieur, revenez demain, nous vous le servirons... !

Au restaurant :

- Garçon, donnez-moi la carte.

- La voici, monsieur...

- En toute confiance, que me recommandez-vous ?

- De changer de restaurant, monsieur !

- Garçon, quel est le plat du jour ?
- De la langue de bœuf, monsieur.
- Mmmh, non, je ne veux pas manger quelque chose qui sort de la bouche d'un animal. Apportez-moi plutôt des œufs...

- Garçon ! Pourquoi ce chien ne me quitte-t-il pas des yeux !?
- Je ne sais pas, monsieur. Peut-être parce que nous vous avons donné à manger dans l'assiette dans laquelle il mange habituellement ?

Au restaurant :

- C'est un scandale, l'eau de votre carafe est trouble !!!
- Mais pas du tout, l'eau est parfaite. C'est juste la carafe qui est sale.

- Garçon ! Garçon ! Il y a une grenouille dans ma soupe !!!
- Désolé, monsieur, la mouche est en vacances.

- Garçon ! Que fait cette mouche dans ma soupe !?
- Apparemment, elle nage, monsieur.
- Ah oui ! Et rien ne vous choque ?
- Euh... elle n'a pas son maillot de bain ?

Un pauvre petit bonhomme est dans un bar depuis une demi-heure.
Il contemple tristement son verre de bière en soupirant. Tout à coup, un homme barbu en blouson de cuir entre dans le bar, voit le petit bonhomme, lui donne une grande claque dans le dos en riant, et lui boit sa bière.
Le petit homme triste se met à pleurer à chaudes larmes.
- Hé, oh ! lui dit le barbu, désolé. Ce n'était qu'une plaisanterie, je te prends une autre bière, je ne voulais pas te faire pleurer ! Garçon, une autre !
- Non, non, laissez ! dit le petit bonhomme. Je pleure parce que cette journée a été la plus terrible de ma vie. Ce matin, ma voiture tombe en panne, j'arrive en retard au travail. Mon patron m'annonce qu'il me renvoie. Quand je rentre à la maison, j'annonce ça à ma femme, qui me quitte en emmenant mes deux enfants. À peine partie, le four, dans lequel ma femme faisait cuire un rôti, explose, et la maison entière brûle. En sortant appeler les pompiers, je me fais renverser par une voiture. Le temps d'arriver à l'hôpital, ma maison était détruite...
Alors, je viens dans ce bar pour mettre fin à mes jours, et voilà qu'un imbécile, qui se croit rigolo, vient me boire mon verre de poison !

RESTAURANT : puce affamée cherche gros chien pour dîner.

- Garçon ! Il y a une limace dans ma salade !
- Oups ! Désolé, monsieur, je ne savais pas que vous étiez végétarien !

Un ogre entre dans un restaurant.
- Bonjour, à combien est le menu, s'il vous plaît ?
- 20 euros par tête, monsieur.
- Oh ! Et combien si je prends quelques jambes aussi... ?

Un couple termine de dîner au restaurant.
Le mari appelle le serveur :
- Garçon ! Le morceau de poisson que vous nous avez servi n'est pas aussi frais que celui que nous avons mangé il y a un mois !
- Pourtant, monsieur, c'est le même !

Au restaurant, le client appelle le garçon :
- Dites-moi, c'est très joli ces petits dessins sur le beurre, mais regardez, il y a aussi un cheveu...
- Ah, c'est pas étonnant ! répond le garçon. J'ai fait ça avec mon peigne.

Dans un restaurant :

- Garçon, je voudrais un sandwich au dinosaure !

- Au dinosaure ? Désolé, monsieur, nous ne pouvons pas vous le faire : nous n'avons plus de pain...

Garçon, c'est inadmissible !!!

- Quoi donc, monsieur ?

- Il y a une mouche qui grignote mon fromage !!!

- Oh, désolé, monsieur ! J'espère qu'elle vous en a laissé !

Dans un restaurant, un homme demande au serveur :
- Garçon, vous qui connaissez bien la cuisine du patron, qu'est-ce que vous me conseillez ?
- Franchement, je vous conseille d'aller dans un autre restaurant, monsieur...

Un monsieur dans un restaurant :
- Garçon ! Il y a une mouche dans ma soupe ! C'est inadmissible ! Enlevez-moi ça tout de suite !
Le serveur lui amène deux minutes plus tard une araignée vivante et la jette dans la soupe.
- Mais... Mais... que faites-vous ? s'indigne le monsieur.
- Ne vous inquiétez pas : l'araignée, c'est pour manger la mouche.

Un monsieur au restaurant :
- Garçon ! Il y a une mouche noyée dans ma soupe ! C'est inadmissible !
Le garçon arrive, regarde l'assiette de soupe et dit :
- Vous avez raison : d'habitude, les mouches ont pied !

- Garçon ! Apportez-moi une douzaine de fautes d'orthographe, s'il vous plaît !
- Mais nous n'en avons pas !
- Ah bon ? Pourtant, il y en a plein dans le menu !

Un petit lapin et un gros lion entrent dans un restaurant. Ils s'attablent et le lapin passe la commande.

- Pour moi, ce sera une laitue, des carottes et un grand jus de tomate ; et pour mon ami, juste un verre d'eau.

- Ah ? s'étonne le garçon. Il n'a pas faim ?

- C'est ça, répond le lapin, il n'a pas faim.

- Vous êtes sûr qu'il ne veut pas grignoter un petit quelque chose ?

- N'insistez pas ! s'énerve le lapin. Vous pensez bien que si mon ami le lion avait faim, je ne serais pas venu dîner avec lui !

Dans un restaurant, un homme passe sa commande :

- Je voudrais une salade pas trop croquante, un steak pas trop cuit, des frites pas trop salées, et comme dessert... une poire pas trop mûre et un café pas trop fort.

Le garçon note tout très fidèlement et lui demande :

- Et comme boisson ? Vous préférez une limonade avec pas trop de bulles, ou de l'eau pas trop mouillée ?

Dans un restaurant, un homme a très envie de prendre l'omelette aux champignons, mais il se demande s'ils ne sont pas empoisonnés.
Il appelle la serveuse.
- Mademoiselle, dites-moi : comment puis-je être sûr que je ne tomberai pas malade avec vos champignons ?
- En commandant autre chose, monsieur.

Deux amis sont au restaurant.
- Eh bien, tu ne manges plus ? s'étonne le premier.
- Non, répond l'autre, je surveille mon manteau.
- Mais pourquoi ?
- Parce que l'on vient de voler le tien.

Dans un grand bar de Paris, un touriste américain appelle le garçon.
- On étouffe, ici ! Mettez en marche l'air conditionné, je vous prie !
- Bien, monsieur. Dix minutes plus tard, l'Américain rappelle le garçon.
- Maintenant, je gèle ! Arrêtez l'air conditionné, je vous prie !
- Bien, monsieur, répond poliment le garçon.
Il ne s'écoule pas cinq minutes avant que l'Américain ne hèle de nouveau le serveur.
- Garçon ! Il fait cent fois trop chaud ! Remettez l'air conditionné, je vous prie !
Un autre touriste, assis à une table voisine, dit au garçon :
- Je vous trouve vraiment patient avec cet Américain ! Moi, je l'aurais mis dehors, lui et son air conditionné !
Le garçon hausse les épaules.
- Oh ! vous savez, l'essentiel est qu'il soit content. De toute façon, nous ne l'avons pas, ici, l'air conditionné !

Les blagues et le sport

Un boxeur vient de perdre un combat.

- Mais comment as-tu pu perdre contre ce maigrichon qui ne t'arrive même pas au menton ?

- Bah, justement, ses poings y arrivaient un peu trop souvent, à mon menton...

Devinette : Pourquoi les lutins rigolent-ils tout le temps quand ils jouent au foot ?

(Parce que l'herbe les chatouille sous les bras quand ils courent après le ballon !)

Devinette : Qu'est-ce qui est petit, noir, a six pattes et de gros biscoteaux ?

(Une fourmi qui fait de la musculation.)

Devinette : Quelle heure est-il quand un boxeur s'assoit sur ta montre ?

(Il est l'heure de t'en racheter une autre...)

Pendant un match de football, un joueur fait une passe au gardien de but, mais celui-ci ne bouge pas et laisse le ballon entrer dans les cages !

- Tu es complètement idiot ! s'écrie le joueur. On vient de se prendre un but ! Pourquoi n'as-tu pas arrêté le ballon ?
- Pour quoi faire ? répond le goal, il y a un filet pour l'arrêter !

- Comment s'est passé le match de foot ?
- Génial ! Notre équipe a marqué un superbe but !
- Et l'équipe adverse ?
- Euh... elle a marqué quatre buts vraiment minables !

Match de foot entre les Grands Animaux et les Petits Animaux. L'éléphant marque un but, le rhinocéros aussi, c'est 2-0 à la mi-temps.
La deuxième mi-temps commence, l'éléphant a le ballon quand soudain il trébuche, le ballon file et un but est marqué par les Petits Animaux. Le rhinocéros récupère la balle, il trébuche, et un autre but est marqué par l'équipe adverse. L'hippopotame reprend le ballon, mais il est envoyé à cinq mètres par un mur invisible, et encore un but mystérieux est marqué. Fin du match, 3-2, les Petits Animaux ont gagné.
Leur entraîneur demande :
- Qui a arrêté l'éléphant ?
- C'est moi, dit le mille-pattes.
- Ah oui ? Et qui a arrêté le rhino et l'hippopotame ?
- C'est moi aussi, chef, répond le mille-pattes.
- Alors que diable faisais-tu pendant la première mi-temps !?
- Euh... je finissais de mettre mes chaussures, chef...

Deux alpinistes escaladent une montagne, quand l'un d'entre eux tombe dans une crevasse. L'autre lui crie :
- Est-ce que ça va ? Tu as mal ?
- Non, non ! répond une voix lointaine.
- Tu as pourtant l'air d'être tombé très bas ! Tu es sûr que tu n'as pas mal ?
- Non, répond la voix encore plus lointaine. Mais c'est parce que je n'ai pas encore fini de tomber!

Une équipe de football part jouer en Amérique. Dans l'avion, le commandant de bord n'arrête pas de sentir l'appareil bouger dans tous les sens. Il appelle l'hôtesse :
- Mademoiselle, qu'est-ce qu'il se passe derrière ?
- Oh, rien ! C'est l'équipe qui s'entraîne...
- Débrouillez-vous comme vous voulez, mais il faut que ça cesse ! L'avion bouge dans tous les sens !
L'hôtesse s'en va... Au bout de cinq minutes, le calme revient. Le commandant rappelle l'hôtesse et lui demande :
- Que leur avez-vous dit pour obtenir le calme si rapidement ?
- C'est très simple, je leur ai dit d'aller jouer dehors...

Deux amis se rencontrent au retour des vacances.
- Alors, tu étais où ?
- Oh ! la première semaine, j'étais dans les Alpes, et la seconde, j'étais dans le plâtre.

Quelles sont les deux lettres qui conviennent aux deux boxeurs à la fin d'un combat ?

(Réponse : le « O » et le « K ».
À la fin du combat, l'un d'eux est O.K., l'autre est K.O. !)

PROBLÈME : poisson désirant jouer au football cherche jambes solides.

Pourquoi les footballeurs portent-ils des shorts ?

(Réponse : vous croyez vraiment que le foot serait autorisé à la télé s'ils étaient en slip ?)

Un homme pêche depuis une heure sous une pluie battante. Sa femme, inquiète, lui apporte un parapluie.

- Ça va ? demande-t-elle. Tu as attrapé quelque chose ?

- Ouais, répond le pêcheur. Un rhume !

SPORTS : lutin sportif cherche quatre nains pour former équipe de basket-ball.

TRICHE : boxeur nul cherche arme de poing.

SPORT : M. Gorille vient de remporter les championnats du monde de boxe, catégorie poids lourds.

SPORT : Mlle Girafe est sélectionnée pour le championnat du monde de basket-ball.

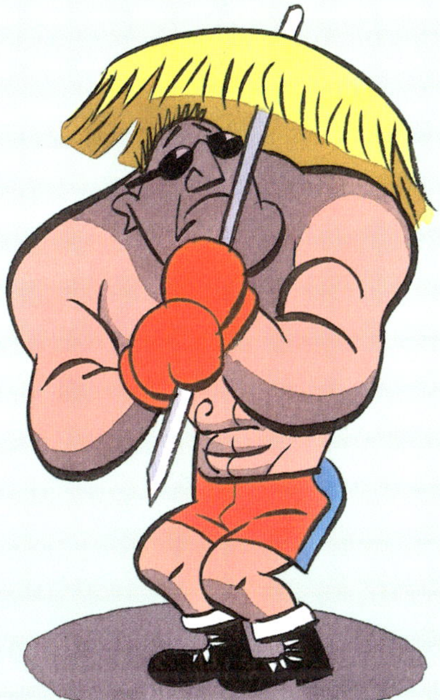

Quels sont les coups auxquels même un boxeur ne peut pas résister ?

(Réponse : les coups de soleil.)

Qui préfère donner que recevoir ?

(Réponse : les boxeurs.)

SPORT : M. Mille-pattes vient d'être sélectionné pour la Coupe du Monde de football.

Deux balles de tennis regardent un ballon de basket qui passe devant elles en roulant des mécaniques.
- Wouah, les muscles ! s'exclame l'une.
- Pff ! Tout ça c'est de la gonflette, rétorque l'autre.

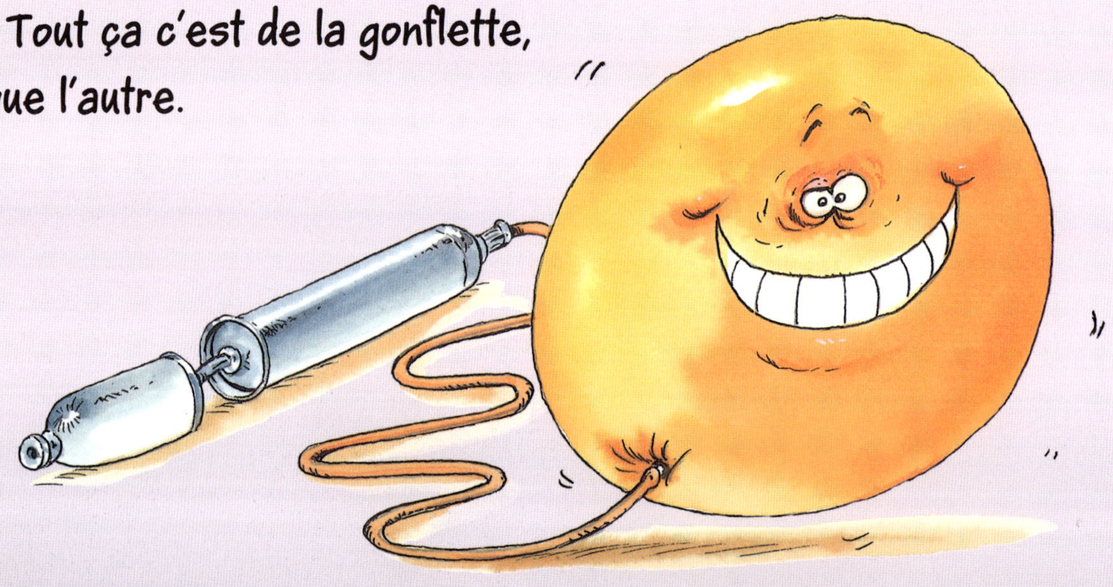

Les blagues heu... pour rire

Un couple arrive en vacances, mais tous les hôtels sont complets.
Ils trouvent finalement un petit hôtel, qui affiche aussi complet, mais le directeur leur propose un marché :
- Je peux bien vous louer une chambre, dit celui-ci, mais il faudra faire votre lit.
- Oh ! ce n'est pas bien grave, répond madame, nous avons l'habitude, à la maison...
-Très bien ! Pour faire votre lit, voici un marteau et des clous. Les planches sont dans la chambre.

Papa dit à Adrien :
- Tu dois manger tous tes épinards si tu veux devenir fort comme papa.
- Je ne veux pas être « fort comme papa », répond Adrien, « je veux être LE CHEF, comme maman ! »

Comme chaque dimanche, Alex reçoit son argent de poche :
Sa mère lui donne 5 euros, et demande :
- Qu'est-ce qu'on dit ?
- Euh... 5 euros, c'est tout !?

Un matin, un jeune homme arrive au bureau en pleurant.
Son patron, soucieux du bien-être de ses employés, lui demande avec sympathie ce qui se passe.
Le jeune homme lui répond :
- J'ai reçu un coup de téléphone m'annonçant que mon père venait de se casser une jambe au ski...
- Ce n'est pas bien grave, un petit plâtre et ça ira très bien. Pourquoi ne rentreriez-vous pas chez vous pour la journée ? Prenez une journée de congé pour vous reposer et revenez quand ce gros chagrin sera passé.
Le jeune homme lui répond très calmement :
- Non, je préfère être ici. Vous avez raison, ce n'est pas bien grave.
- D'accord. Si vous avez besoin de quelque chose, n'hésitez pas à me le dire.
Quelques minutes passent, le patron décide d'aller voir comment va son employé. Il passe la tête par la porte et voit que le jeune homme pleure encore plus fort.
- Qu'est-ce qui ne va pas ? Vous n'alliez pas mieux il y a un instant ?
- Si ! Mais mon frère vient de m'appeler : son père aussi vient de se casser la jambe au ski !!!

Un client s'étonne :
- C'est la première fois que je vois un magasin d'instruments de musique vendre également des armes !
- Vous savez, monsieur, quand quelqu'un vient m'acheter une trompette, il n'est pas rare que quelques jours plus tard son voisin vienne m'acheter un fusil !

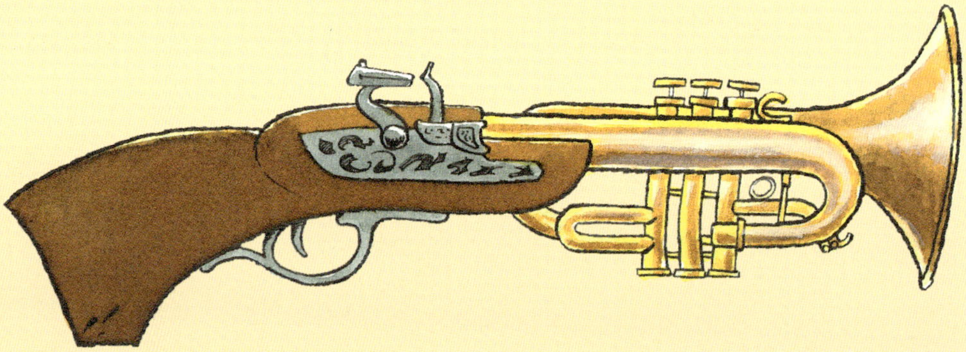

Deux amis se rencontrent un matin. L'un d'eux vient tout juste de rentrer de ses vacances.

L'autre lui demande :

- Alors, comment s'est passé ton séjour au Japon ?

- J'sais pas, j'ai pas encore développé les photos...

Un vieux fermier du quartier en a marre que les enfants du village viennent dans son jardin la nuit pour voler ses melons.
Un jour, il bricole une pancarte et la plante au milieu de ses melons. Le soir, deux enfants venus se régaler gratuitement dans le jardin du fermier lisent la pancarte : « ATTENTION, un de ces melons contient du poison ! »
En voyant ça, les enfants quittent les lieux et reviennent quelques minutes plus tard avec une autre pancarte, qu'ils plantent au milieu du jardin.

Le lendemain matin, le fermier va voir ses melons, les compte, et constate avec joie qu'aucun ne manque... Mais sur la pancarte que les enfants ont placée, il lit :
« Maintenant, il y en a deux ! »

Deux enfants discutent :
- Moi, je cours très vite !
J'ai même battu le record du 100 mètres.
- Ah oui ? Tu as fait combien ?
- J'ai couru 102 mètres !

Dans un avion, un homme s'adresse à une hôtesse occupée à asseoir les passagers.

- Excusez-moi, mademoiselle, combien de temps ça va prendre pour voler de Paris jusqu'à New York ?

- Juste une minute, monsieur...

- Très bien, merci ! C'est rapide, dites donc !

Dans un avion, après avoir regardé par le hublot, un homme dit à son voisin :

- Franchement, monsieur, c'est extraordinaire : vues d'ici, les voitures sur la route ont vraiment l'air de fourmis !

- Oui, mais c'est normal, répond l'autre, ce sont des fourmis : nous n'avons pas encore décollé !

Un type discute avec son copain :
- Ça va mal ces jours-ci, ma femme passe ses soirées à faire le tour des bars en ville.
- Elle aime faire la fête ?
- Non, elle me cherche.

À la douane, un policier interroge un voyageur :
- Vous avez de l'alcool ?
- Non.
- Vous avez des armes ?
- Non.
Après avoir jeté un coup d'œil aux alentours, le douanier demande :
- Vous en voulez ?

Devinette : Qu'est-ce qui est petit, carré et jaune ?

(Un petit carré jaune !)

Un explorateur est capturé par une tribu de cannibales. On le plonge alors dans un immense chaudron rempli d'huile, et sous lequel un feu est allumé. Un des sauvages s'approche du pauvre homme et lui demande :

- Comment t'appelles-tu ?

- Frédéric... Pourquoi ?

- C'est pour marquer sur le menu !

Une dame à sa voisine :

- Ma fille a deux passions, la danse et le chant... Elle hésite...

- Je crois qu'elle devrait choisir la danse !

- Pourquoi ? Vous l'avez vue danser ?

- Non, mais je l'ai entendue chanter!

- C'est effrayant d'avoir une femme comme la mienne. Elle ne s'endort jamais avant trois heures du matin.

- Elle souffre d'insomnie ?

- Non, elle attend que je rentre à la maison !

Dans un magasin :
- Bonjour, je voudrais acheter une bouteille de vin, s'il vous plaît.
- Du vin rouge ou du vin blanc ?
- Cela n'a pas d'importance, c'est pour offrir à un aveugle !

Devinette : Si je fais une course de vélo et que je double le 3e, je suis en quelle position ?

(Quand on double le 3e, on devient… 3e !)

Paul, qui a besoin d'argent, demande à une de ses copines :
- Mélanie, tu as 10 euros sur toi ?
Et l'autre s'écrie :
- Ah bon ? Génial !!! Où ça ?

Un gars va dans un bar et commande une bière. Il la boit d'un coup, regarde dans sa poche et en commande une autre ; il la boit et regarde dans sa poche. Après avoir fait ça plusieurs fois, le serveur lui demande :

- Pourquoi vous regardez dans votre poche après avoir avalé votre verre ?

- Dans ma poche, il y a une photo de ma femme. Quand je la trouverai belle, c'est qu'il sera temps de rentrer à la maison !

Devinette : Tu connais la blague sur le chocolat ?

(Non ? Normal, je l'ai mangé hier...!)

Un homme entre dans un salon de coiffure.
- Combien, la coupe de cheveux ?

- 20 euros, monsieur.

- Et c'est combien pour se faire raser ?

- 10 euros.

- Alors, rasez-moi les cheveux, s'il vous plaît.

- Un homme rentre chez lui, la figure en sang, des bosses et des bleus partout et les vêtements en lambeaux...
- Qu'est-ce qui t'est arrivé ? lui demande sa femme.
- Voilà : alors que je sortais du bureau, un petit minable m'a bousculé.
- Et alors ?
- Alors, ce n'était pas un petit minable !

Deux enfants découvrent la ferme avec leur mère.
- Vous voyez, les enfants, dans 21 jours, des petits poussins casseront leur coquille et naîtront !
- Ah ? Mais comment ils ont fait pour entrer dans la coquille sans la casser ?

Devinette : Qu'est-ce qui est petit, mignon, rose en haut et vert en bas ?

(Un petit pois torse nu !)

Maxime est avec un copain.
- Tiens, c'est normal que t'aies une chaussette rouge et une noire ?
- Ah, m'en parle pas, c'est complètement ridicule ! Et en plus, j'en ai une deuxième paire comme ça !

- Dis-moi, papa, quand tu étais petit, recevais-tu souvent des fessées ?
- Quelquefois.
- Et ton papa, quand il était petit ?
- Probablement aussi...
- Et le papa de ton papa ?
- Bien sûr.
- Ne penses-tu pas qu'il est temps d'arrêter cette coutume ridicule ?

Devinette : Je fais le tour de la terre en restant dans mon coin, qui suis-je ?

(Un timbre.)

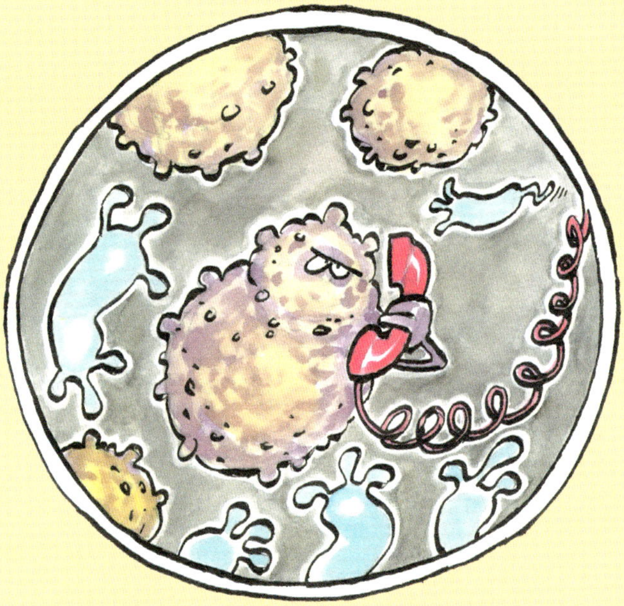

Le petit Tom a de la fièvre et il tousse.
Le docteur vient l'ausculter avec son stéthoscope.
Alors, Tom interroge :
- Vous téléphonez à mes microbes ?

- Je viens de laver les vêtements de mon fils, dit une dame à une autre dame. Maintenant, ils sont trop étroits, ils ont rétréci.
Qu'est-ce que je peux faire ?
- Je ne sais pas, moi, essayez de laver votre fils !

Deux copains discutent :
- Hier, au cirque, un magicien a déposé un billet de 50 euros dans ma casquette, et il me l'a remise sur la tête !
- 50 euros ! Tu as dû être content !
- Pas tellement parce que, quand j'ai enlevé ma casquette pour prendre le billet, c'est un lapin qui en est sorti !

Un enfant entre dans une boulangerie :
- Bonjour, je voudrais cinq saucisses, s'il vous plaît.
- Désolé, petit, on ne vend pas de saucisses dans une boulangerie...
Le petit s'en va et revient le lendemain.
- Bonjour, je voudrais cinq saucisses, s'il vous plaît.
- Euh... je t'ai dit hier que l'on n'en vendait pas ici...
Le petit s'en va à nouveau et revient, encore et encore, pour demander des saucisses.
La semaine suivante, le boulanger exaspéré décide de mettre un panneau dans la vitrine :
« Aujourd'hui, pas de saucisses ».
Mais le petit revient, très en colère :
- Alors comme ça, vous en AVIEZ !!!?

Une dame fait des reproches à son boulanger :

- Je suis désolée de vous le dire, mais votre pain est rassis !

- Un peu de respect, madame, je faisais du pain avant que vous ne soyez née !

- Justement, ce que je vous reproche, c'est de ne le vendre que maintenant !

Un fermier demande à son voisin :

- Qu'est-ce que tu avais donné à ton cheval quand il était tombé malade le mois dernier ?

L'autre répond :

- De la térébenthine.

Une semaine plus tard, le fermier dit à son voisin :

- J'ai fait comme toi, j'ai donné de la térébenthine à mon cheval, mais il est mort sur le coup !

L'autre répond :

- Ah bon ? Le tien aussi ?!

Un citadin qui vit au village depuis quelques mois discute avec un fermier :

- Rien ne pousse, ici !
- Pourtant, le sol de votre jardin a de la bonne terre, on dirait.
- Rien de rien ! répète le citadin. Pas même un radis.
- Vous m'étonnez... Vous avez planté quoi, comme graines ?
- Planté des quoi ?

Un monsieur dit à l'un de ses collègues de bureau :

- Ça t'intéresse deux places de théâtre pour ce soir ? Moi, je ne peux pas y aller. Ma femme a invité je ne sais plus quel imbécile à dîner sans me demander mon avis... Tu les veux ?
- Non merci, répond le collègue. Ce soir, je suis pris... Je dîne chez toi !

La cuisinière d'un grand hôtel, trop paresseuse, vient de se faire renvoyer par le directeur. Elle prend son sac et sort de l'hôtel, furieuse. Arrivée à la porte, elle se retourne, fouille dans sa poche et pose un billet de 10 euros à côté du chien de l'un des clients.

- Mais enfin, qu'est-ce que vous faites ! s'énerve le directeur.
- Il a bien mérité ce petit billet. Depuis une semaine, c'est lui qui nettoie les assiettes !

Une jeune fille passe son examen d'infirmière.

- Expliquez-moi, demande l'examinateur, ce qui provoque la transpiration ?
- Vos questions !

- Maman, papa m'a dit que nous descendions du singe, c'est vrai ?
- Je ne sais pas, ton père n'a jamais voulu me présenter sa famille...

Maman se fâche après ses jumeaux :
- Vous allez arrêter ce bruit immédiatement et aller tous les deux au coin !
- C'est pas juste ! On ne faisait pas de bêtises, on était tranquillement en train de se bagarrer !

- Je ne veux pas manger de salade !
- Mais si, ça donne plein de vitamines, tu auras de belles couleurs aux joues.
- Ah non ! Je ne veux pas avoir les joues vertes !

- Théo, ne mange pas avec les doigts, je te l'ai dit cent fois !
- Je ne mange pas avec les doigts, maman, je mange avec les mains !

Un touriste tombe en panne sur une route de campagne.
Il ouvre le capot, mais ne voit que de la fumée, rien d'autre.

- Salut, t'es en panne ?

L'homme se retourne et s'aperçoit que c'est un cheval qui lui parle !

- Euh... oui... ?
- T'inquiète pas, lui dit le cheval, mets-toi au volant et tourne la clé quand je te dis que c'est bon.

Le cheval plonge la tête sous le capot, farfouille une minute et donne le signal.

Le touriste tourne la clé, le moteur démarre du premier coup. Il sort pour remercier le cheval, mais celui-ci a disparu.

L'homme n'en revient pas. Il roule jusqu'au premier village, entre dans un bar, demande un café, et raconte sa drôle d'aventure au barman, qui lui demande :

- Votre cheval, là, il était de quelle couleur ?
- Euh... blanc.
- Aaaaah, OK, je comprends ! Bien, mon vieux, vous avez eu de la chance ! Si vous étiez tombé sur le cheval noir, vous seriez toujours au milieu des champs : il est complètement nul en mécanique !

Michel est en voyage dans un pays lointain.
Il se retrouve devant une superbe rivière dans la jungle.
Il demande alors au guide qui l'accompagne :

- Crois-tu que je peux me baigner ici ?
- Mais bien entendu !
- Tu es sûr qu'il n'y a pas de piranhas ici ?
- Absolument sûr !

Michel saute alors dans l'eau et demande au guide :

- Comment peux-tu en être aussi certain ?
- C'est simple : il n'y a pas de piranhas ici parce qu'ils ont bien trop peur des crocodiles !

Devinette : Quel est le comble de la politesse ?

(Frapper à la porte du frigo avant de l'ouvrir.)

Devinette : Quand je suis allongé, ils sont debout.
Quand je suis debout, ils sont allongés.
De qui s'agit-il ?

(Des pieds !)

Un homme très essoufflé se présente à un policier.
- Pardon, M. l'agent, vous n'auriez pas vu un camion de singes ?
- Pourquoi ? Vous en êtes tombé ?

- Baptiste ! Tu es enrhumé, mets vite tes chaussettes et tes chaussons !
- Mais papa, ce ne sont pas mes pieds qui sont enrhumés !

Devinette :
Je commence là où finit la terre, je suis immense, bleue ou verte, tu peux me toucher mais tu ne peux pas me prendre dans tes mains, et, sans y penser, je peux avaler entiers des milliers de poissons. Qui suis-je ?

(La mer.)

Deux cow-boys rencontrent un Indien, allongé sur le ventre, l'oreille collée au sol. L'un des cow-boys s'arrête et dit à l'autre :

- Tu vois cet Indien ?

- Ouais.

- Regarde-le bien : il est en train d'écouter le sol. Il peut entendre des trucs à des kilomètres !

L'Indien se relève, tout poussiéreux, et dit aux cow-boys :

- Une diligence. À deux kilomètres. Deux chevaux, un blanc, un noir.

Trois personnes dans diligence, assises face à grosse malle rouge.

- Incroyable ! s'exclame l'un des cow-boys. Il est même capable de donner la couleur des chevaux et de la malle !!!

L'Indien essaye d'enlever la poussière de ses vêtements en disant :

- Pas difficile : ils me sont passés dessus il y a quinze minutes !

- Alors, ça s'est bien passé, ton examen de conduite ?
- Je ne sais pas...
- Mais l'examinateur avait l'air satisfait ou non ?
- Je ne peux vraiment pas te dire, ils l'ont emmené directement à l'hôpital...

Baptiste vient d'avoir une petite sœur. Au bout de quelques jours, il va voir sa maman :
- Luna, elle doit être anglaise, parce que je ne comprends rien de ce qu'elle raconte !

Baptiste pose des questions sur sa petite sœur qui vient de naître.

- Pourquoi Luna elle ne boit que du lait ?
- Parce qu'elle n'a pas de dents, elle ne peut pas manger comme nous.
- Ah... et pourquoi tu la portes tout le temps dans tes bras ?
- Parce qu'elle ne peut pas marcher.
- Elle n'a pas de JAMBES non plus ???

Devinette :

Couchée parmi mes sœurs, j'ai la tête rouge.
Si tu me frottes, j'ai la tête blanche.
Souffle sur moi, j'ai la tête noire. Qui suis-je ?

(Une allumette.)

Un homme est dans sa voiture, conduisant sur une route de campagne. Il croise soudain une voiture conduite par une femme qui se penche à la vitre et s'écrie :
- COCHON !!!
Furieux, il se penche aussi à la vitre en criant :
- SORCIÈRE !
Les deux véhicules continuent leur chemin, l'homme prend le virage... et rentre dans un cochon allongé au milieu de la route...

- Tu veux une crêpe au sucre ou à la confiture ?
- À la confiture. Le dentiste m'a conseillé d'éviter le sucre, pour ne pas avoir de caries... !

Un journaliste roule en taxi vers une prison, pour interroger un détenu. Arrivé devant la porte, il dit au chauffeur :

- Pouvez-vous rester ici et m'attendre quinze minutes ? Je n'en ai pas pour longtemps.
- Certainement pas ! Un autre client m'a dit de l'attendre, et il n'est ressorti que dix ans après !

Devinette : Est-ce que les cannibales mangent les frites avec les doigts ?

(Non, ils mangent d'abord les doigts !)

COPAINS : poisson-chat déprimé cherche poisson-souris.

Devinette : On ne peut ni le voir ni le sentir, mais on l'utilise à chaque instant, sans y penser. Qui est-ce ?

(L'air…)

Devinette : Qu'est-ce qui est blanc et super rapide ?

(Un frigo de course.)

Tom ne veut pas manger ses carottes.

- Allons, Tom, si tu manges tes carottes, tu seras beau et fort !

- Ah non, moi je veux juste être comme papa !

Devinette : Qu'est-ce qui est plus horrible que de trouver un asticot dans la pomme qu'on est en train de manger ?

(Trouver la moitié d'un asticot dans la pomme qu'on est en train de manger !)

Un gars hèle un chauffeur de taxi :
- Voulez-vous me faire faire le tour du quartier au ralenti, je ne sais plus où j'ai garé ma voiture.

Un jeune fermier renverse accidentellement sa charrette de maïs. Un autre fermier arrive et propose de l'aider. Le jeune est désolé, il ne cesse de répéter :
- Mon père ne va vraiment pas être content !
- Allons, petit, ce n'est pas grave. Viens dans ma ferme, on va manger un bon repas, et on reviendra cet après-midi pour relever ta charrette.
- J'aimerais bien, mais je ne crois pas que mon père serait très content...
- Bon, OK, tu n'as qu'à venir avec moi, on ne mangera pas, mais on boira un coup, puis on reviendra dans une heure pour relever ta charrette.
- Je vous suis... mais mon père ne va vraiment pas être content.
Le fermier est agacé.
- Pourquoi ça ? Les accidents, ça arrive ! Il est où, ton père, d'abord ?
- Mon père ? Il est sous la charrette...

Quel animal peut sauter plus haut qu'une maison ?

(Réponse : tous les animaux peuvent sauter plus haut qu'une maison ! Vous avez déjà vu une maison sauter, vous ?)

- Mélanie, pourquoi est-ce que tu sautes partout comme ça !?
- J'ai pris mon sirop ce matin, mais j'ai oublié d'agiter le flacon !

Un gamin frappe à la porte.
- Bonjour, madame, j'ai quelque chose à récupérer dans votre garage, est-ce que vous pouvez me l'ouvrir ?
La dame accompagne le gamin et constate que l'une des fenêtres du garage est cassée, trouée par un objet de la taille d'un ballon. Le gamin récupère un ballon de foot qui traîne par terre, au milieu de bouts de verre.
- Hé ! s'écrie la dame. Comment tu penses que cette balle est arrivée dans mon garage, petit ?
- Oh, facile, elle a dû passer pile par ce trou dans la fenêtre, sans rien casser ! On a eu de la chance, hein ?

- Pépé, tu ne veux pas que je t'apporte tes lunettes ?
- Pour quoi faire ? Je n'ai pas besoin de lunettes pour regarder la télé, tout de même !
- Si, pépé, parce que là, ça fait une demi-heure que tu regardes le four...

Tim et Théo
sautent sur leur lit, qui finit par casser sous leur poids.
La maman se fâche :
- Vous serez privés de télé pendant deux semaines !
- Hé ! c'est pas juste, proteste Théo.
J'étais en l'air quand le lit a cassé !

Un chanteur passe une audition pour un spectacle. Le directeur de l'opéra le reçoit, l'écoute chanter et secoue la tête.

- Je suis désolé, monsieur, mais je ne peux pas supporter les gros mots dans mon opéra.

Le chanteur est étonné.

- Mais... je n'ai pas dit de gros mots !
- Vous, non. Mais si je vous engage et que vous chantez devant des gens, ils vous diront certainement beaucoup de gros mots... !

- J'ai perdu mon chien.
- Mets une annonce dans le journal !
- Non, ça ne sert à rien, il ne sait pas lire.

CHIRURGIE : crocodile brûlé cherche sac à main pour greffe de peau.

Un homme entre dans un bar. Il ne reste qu'une place libre à côté d'un gars qui a un chien endormi à ses pieds.

- Excusez-moi, est-ce que cette place est libre ?
- Oui.
- Est-ce que votre chien mord ?
- Mon chien ? Non.

L'homme s'assoit et se fait mordre immédiatement par le chien.

- Aïe ! Vous m'avez dit que votre chien ne mordait pas !!!
- Le mien, non. Mais celui-là, c'est pas mon chien !

Un paysan traversant son verger aperçoit un jeune garçon grimpé dans l'un de ses pommiers.
- Descends tout de suite ou ça va chauffer pour tes oreilles, petite canaille !!!
- Mais, monsieur, je ne fais rien de mal ! Une pomme était tombée et j'essayais de la raccrocher !

- Dis, maman, tu es sûre qu'hier j'ai bien eu 5 ans ?
- Bien sûr, mon chéri, pourquoi ça ?
- Parce que je ne comprends pas : je n'arrive toujours pas à allumer la lumière sans me mettre sur la pointe des pieds !

Un homme passe la douane dans sa voiture.
Le douanier lui demande :
- Bijoux ? Cigarettes ? Alcool ?
- Oh non, merci, réplique le monsieur, je prendrai juste un petit café, s'il vous plaît...

Le pharmacien au client :
- Ah non, monsieur, je ne peux pas vous donner de l'arsenic comme ça, il vous faut une ordonnance ! C'est un poison très dangereux !
- Et si je vous montre la photo de ma belle-mère, ça va ?

Un homme postule pour un emploi.

- Bonjour, je suis boxeur et je voudrais être engagé par vous.

- Mmmh... vous êtes boxeur ? Et où s'est déroulé votre dernier combat ?

- Dans un bureau comme le vôtre.

Le gars ne voulait pas m'engager... !

Deux enfants discutent :

- Comment ça se fait que tu dises à tout le monde que je suis un idiot !???

- Oups, je suis désolé... Je ne savais pas que ça devait rester secret...!

- Qui c'est, la jeune dame, sur cette photo ?
- C'est ta grand-mère, Coralie.
- C'est mamie quand elle était neuve !?

- Papa, le bébé est en train de manger le journal !
- Ce n'est pas grave, c'est celui d'hier.

Devinette : Quelle est la différence entre un asticot et une pomme ?

(Vous avez déjà goûté une tarte aux asticots ???)

Dans la salle d'attente d'une maternité, un monsieur trépigne, en faisant les cent pas. Tout à coup, une infirmière entrouvre une porte. Le monsieur se précipite, et l'infirmière fait le signe «3» avec ses doigts, puis elle ressort.
Le monsieur s'évanouit...
Quand il reprend connaissance, le médecin se penche vers lui et lui dit :
- Il faut excuser notre infirmière, c'est une débutante. Elle ne voulait pas dire trois bébés d'un coup, mais seulement que votre fils pèse trois kilos...

- Tu connais la nouvelle : les Américains se sont posés sur la Lune !
- Non ! C'est pas possible ? Tous ?!

Devinette : Que s'est-il passé quand le vétérinaire a mis la tête dans la gueule du lion pour savoir combien de dents le lion avait ?

(Le lion a refermé la gueule pour voir combien de têtes le vétérinaire avait...)

- Regardez là-bas, la personne avec les cheveux blonds et le nez de travers... C'est un garçon ou une fille ?

- C'est MA fille.

- Votre fille ? Oups, excusez-moi, je ne savais pas que vous étiez son père.

- Je ne suis pas son père ! Je suis sa MÈRE !

Devinette : Quelle est la meilleure main pour écrire ?

(Aucune ! Pour écrire, il vaut mieux utiliser un stylo !)

Devinette : Pourquoi le soleil est-il si brillant ?

(Parce qu'il écoute bien en classe et qu'il fait tous ses devoirs !)

Devinette : Qu'est-ce qui est vert à l'extérieur et jaune à l'intérieur ?

(Une banane déguisée en concombre !)

Un policier discute avec son coiffeur.
- Demain, je dois aller escorter le Président jusqu'à l'aéroport ! C'est moi qui serai en charge de sa sécurité !
- Oh ! vous en avez de la chance, vous allez lui parler ?
- Peut-être, je ne sais pas si j'aurai cet honneur !
- Alors je vais vous faire la plus belle coupe de cheveux que vous ayez jamais eue !
Quelques jours plus tard, le policier revient.
- Alors, demande le coiffeur, vous avez pu voir le Président ?
- Oui, il m'a même dit quelques mots...
- Ah ? C'est génial ! Que vous a-t-il dit ?
- Il m'a dit : « Mais qui diable vous a fait cette horrible coupe de cheveux !? »

- Imaginez : vous êtes policier, et vous devez arrêter votre propre mère. Que feriez-vous ?
- Ouh là. J'appelle des renforts !!!

Tom dit à sa maman :
- Dis, maman, t'as vu ? J'ai donné un sucre au chien parce qu'il a bien nettoyé son assiette !
- Sois gentil, mon chéri, va donner deux sucres à ton père, il fera peut-être le reste de la vaisselle...

Un vendeur dit à son client mécontent :
- Mais je vous assure, monsieur, que vous êtes le premier de mes clients à venir vous plaindre pour un parachute qui ne s'est pas ouvert !

Trois amis se perdent dans le désert. Au bout de trois jours, épuisés et assoiffés, ils arrivent à une oasis où un vieil homme les accueille.

- Bonjour, messieurs. Je vois que vous avez soif. Prenez un rafraîchissement !

Il leur donne une bouteille d'eau à chacun et leur dit :

- Maintenant, vous pouvez vous baigner dans cette piscine magique.

- Magique ? répète l'un des trois amis, étonné.

- Oui, magique : sautez du plongeoir en criant bien fort l'objet de vos désirs, et vous plongerez dans ce que vous aurez désiré.

Le premier des garçons court vers le plongeoir, et saute en criant : « LIMONADE ! »

Et il plonge dans un bain de limonade délicieusement fraîche.

Le deuxième garçon saute en criant : « GLACE AU CHOCOLAT ! »

Et il plonge dans un bain gourmand de crème glacée au chocolat.

Le troisième s'élance, mais au moment de sauter, il trébuche et s'écrie : « Oh ! PUNAISE ! »

- Je viens de lire dans le journal combien c'est mauvais de manger trop de bonbons et de friandises. Alors je me suis dit : « Cette fois, ça suffit ! »
- Tu arrêtes de manger des bonbons ?
- Non. J'arrête de lire le journal !

Deux hommes ivres décident de chasser dans la forêt. L'un d'eux s'écrie :
- Hey ! Je vois deux oiseaux !
- Waw ! Cool ! Tire, vas-y, tire !
- Mais lequel je vise ???

- Hmmm... Prends encore une gorgée ou deux, répond l'autre en tendant une bouteille.
- Hey ! Maintenant j'en vois trois !
- Super ! Vise celui du milieu !

Deux jeunes filles discutent :
- Mon fiancé m'a demandé mon âge et là, brusquement j'ai eu un « trou » : impossible de me rappeler si c'est 25 ou 26 ans.
- Que lui as-tu dit, alors ?
- J'ai dit 19 ans...!

Une dame s'énerve après son mari :
- Tu as encore mis tes mains sales partout !
- Ce n'est pas vrai, répond le mari. Je me suis lavé les mains juste avant de réparer le moteur de la voiture !

- Mon fils est parfait.
- Ah oui ?
- Oui. C'est le fils rêvé, vraiment.
- Est-ce qu'il ne mange pas des bonbons tout le temps ?
- Non.
- Il ne boit pas trop de boissons sucrées ?
- Non plus.
- Il n'arrive pas tout le temps en retard à l'école ?
- Non. Parfait, je vous dis.
- Apparemment, oui, vous avez le fils parfait. Il a quel âge ?
- Il vient d'avoir 6 mois...

Un homme dont la femme est enceinte appelle l'hôpital d'urgence.

- Ma femme va accoucher, envoyez-moi une ambulance ! Vite ! Ses contractions ont commencé !
- Est-ce que c'est son premier enfant ?
- Mais non, imbécile, c'est son mari qui vous appelle !!!

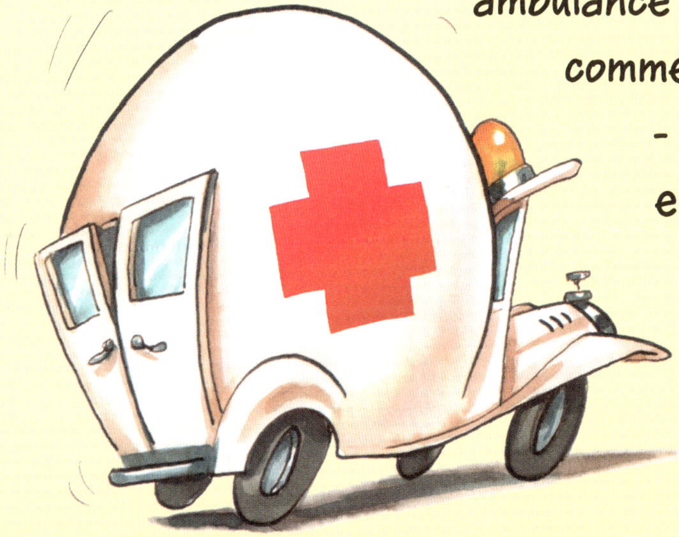

Le policier demande à la victime d'un cambriolage :
- Si toutes les sorties étaient surveillées, comment le voleur a-t-il pu s'échapper?
- Il est parti par l'entrée.

Papa apprend la politesse à son fils.
- Bon. Si tu marches sur le pied d'une dame, qu'est-ce que tu dois faire ?
- Je demande pardon ?
- Très bien. Et si cette dame te donne un euro parce que tu as été très poli ?
- Euh... Facile ! Je lui marche sur l'autre pied !

Deux fermiers du début du siècle discutent à la campagne.

- Est-ce que tu frottes toujours des morceaux de bois et de la paille pour allumer le feu ?
- Ouaip.
- Y a des gars à la ville qui m'ont montré un nouveau truc, regarde !

Il prend un petit bâton avec un bout rouge et le frotte sur son pantalon, et le petit bout de bois s'enflamme.

- Ça s'appelle une « allumette », ça t'intéresse ?
- C'est sympa, mais c'est pas bon pour moi : je ne peux quand même pas faire 20 km pour t'emprunter ton pantalon chaque fois que je veux allumer un feu !

C'est l'anniversaire du père de Manon.

- Manon, tu sais ce qui me ferait le plus plaisir pour mon anniversaire ? C'est que tu travailles bien à l'école.
- Trop tard, papa, je t'ai déjà acheté une cravate !

Un prisonnier reçoit une lettre de son épouse.
« Chéri, j'ai décidé de planter quelques fleurs dans le jardin. Quand est-ce que je dois le faire ? »
Le prisonnier, qui sait que tout son courrier est lu par les gardiens de la prison, a une idée. Il répond :
« Chérie, ne touche surtout pas au jardin, c'est là que j'ai enterré tout ce que j'ai volé ! »
Quelques jours plus tard, il reçoit une lettre de son épouse.
« Chéri, tu ne devineras jamais ce qui s'est passé : des policiers sont venus et ont retourné toute la terre du jardin ! »
Le prisonnier sourit et répond :
« C'est parfait. Maintenant, c'est le bon moment pour planter tes fleurs ! »

Trois amis vont chasser à la campagne. Le premier dit :

- Ne bougez pas, je reviens !

Dix minutes après, il réapparaît, avec un canard dans son sac.

- J'ai vu des traces, j'ai suivi les traces, et j'ai tué ce canard !

Le deuxième dit :

- À mon tour !

Il revient dix minutes plus tard avec un lapin.

- J'ai vu des traces, j'ai suivi les traces, et j'ai tué le lapin !

Le troisième s'en va à son tour et revient dix minutes plus tard, les vêtements tout déchirés, et des égratignures partout.

Ses deux amis sont horrifiés.

- Que s'est-il passé !?

- J'ai vu des traces, j'ai suivi les traces... et je me suis fait rouler dessus par un tracteur !

Sur le lieu de l'accident, le policier demande :

- Comment s'appelle la victime ?
- Jakiszoczkabroskytchy.
- Non, mais avant de se faire écraser, il s'appelait comment ?

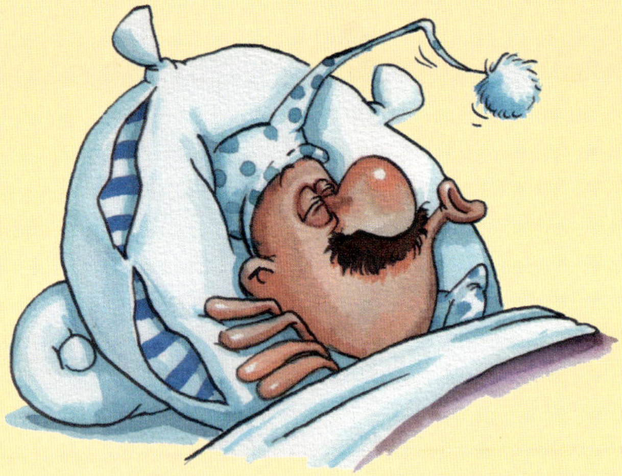

- Est-ce que ton papa ronfle beaucoup ?
- Non, seulement quand il dort !

Devinette : Pourquoi les tomates sont petites et rouges ?

(Parce que, si elles étaient longues et vertes, ce serait des concombres !)

- Maman, il est quelle heure ?
- 17 heures, chéri.
- C'est pas vrai, ça recommence !
- Quoi ?
- J'ai passé ma journée à demander l'heure aux personnes que je croisais, et tout le monde m'a répondu quelque chose de différent !

- Excusez-moi, monsieur, est-ce que vous connaissez le chemin du zoo ?
- Euh... non, désolé, je ne suis pas d'ici.
- Alors, c'est très simple : vous prenez la deuxième à droite, et c'est tout droit après le feu rouge.

Une femme qui se ronge beaucoup les ongles rencontre une amie et lui parle de son problème.

Son amie l'écoute et lui dit :

- Tu devrais prendre des cours de yoga, ça t'enlèverait le stress qui te fait te ronger les ongles, tu verras.

Quelque temps plus tard, elles se croisent de nouveau, et, l'amie, voyant que sa copine a de beaux ongles bien longs, lui dit :

- Je vois que le yoga t'a réussi. Tu ne te ronges plus du tout les ongles ?

- Si, mais depuis que je fais du yoga, j'arrive à atteindre les ongles de pieds !

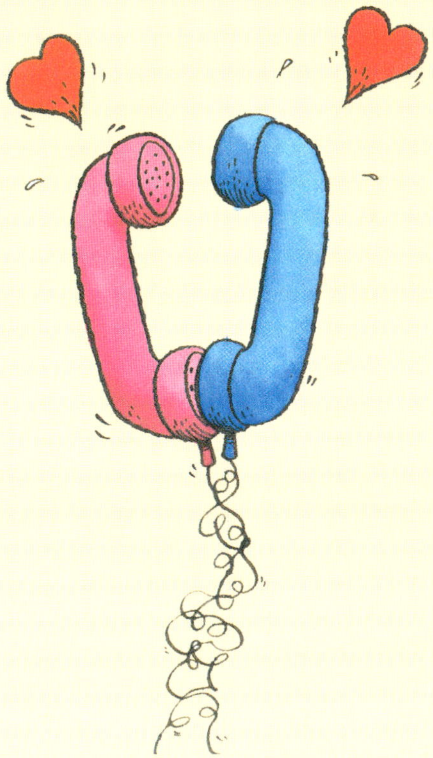

Le patron arrive très tôt au bureau ce matin, et il surprend un de ses employés en train d'embrasser sa secrétaire.

Il s'écrie :

- Est-ce que c'est pour ça que je vous paye !!!

L'employé sourit et répond :

- Non, patron, je le fais gratuitement !

Un homme achète un billet de train à un guichet de la gare.

- Quel est votre prénom ? demande l'employé.
- William... sans « P ».
- Pardon ?
- William... sans « P ».
- Je ne comprends pas. Vous pouvez répéter ?
- William... sans « P ».
- Mais... dans William il n'y a pas de « P », monsieur ?
- Bah oui, c'est ce que je me tue à vous dire !

Au retour des vacances, Samy retourne à l'école. Il ne s'est pas écoulé deux heures quand sa maman reçoit un coup de téléphone de la maîtresse.

- Allô ? Votre fils recommence à très mal se comporter et à faire des bêtises !

La mère réfléchit et répond :

- Et alors ? C'est votre problème ! On vient de passer deux mois en vacances, est-ce que je vous appelais chaque fois que mon fils faisait une bêtise ???

Devinette : Cette année, j'avais 7 ans mais, l'année prochaine, j'aurai 9 ans. Comment est-ce possible ?

(Aujourd'hui est le jour de mon anniversaire, j'ai 8 ans !)

Deux gamins sont de sortie sur une vieille barque. L'un d'eux a très soif. Il fouille dans la barque et trouve une vieille bouteille qu'il frotte pour voir si elle contient encore du liquide.
Un génie sort de la bouteille dans un nuage de fumée en criant :
- Maître, dis-moi un vœu, je le réaliserai !
L'enfant n'hésite pas une seconde.
- Je veux que la mer tout entière soit transformée en limonade glacée !
Le génie exauce le souhait et disparaît.
L'enfant assoiffé commence à boire la limonade délicieuse, penché au-dessus de la mer.
L'autre enfant secoue la tête en disant :
- Oh, c'est malin, hein ! On va être obligés de faire pipi dans le bateau, maintenant !

Manu demande à son père de l'aider pour sa leçon de calcul.
- Bon ! Manu, tu achètes deux crayons pour 4 euros... Comment fais-tu pour savoir le prix d'un crayon ?
- Ben... euh... je regarde le ticket de caisse ?

Une femme rentre chez elle.
- Chéri, il y a un problème avec la voiture.
Je crois qu'il y a de l'eau dans le carburateur.
- De l'eau dans le carburateur ? C'est impossible, ça doit être autre chose.
- Non, non, je t'assure, il y a de l'eau dans le carburateur.
- Tu racontes n'importe quoi, tu ne sais même pas ce que c'est, un carburateur. Je vais voir ça. Elle est où, la voiture ?
- Dans la piscine...

- Tu sais, tu serais un excellent danseur s'il n'y avait pas ces deux choses...
- Quelles deux choses ?
- Tes pieds !

Devinette : Quel est le plus long mot du monde ?

KILOMÈTRE

(« Kilomètre », parce qu'il fait un kilomètre de la première à la dernière lettre !)

Deux copains discutent :
- Au fait, comment elle s'appelle, ta mère ?
- Bah… « Maman »… !

Devinette : Qu'est-ce qu'on obtient quand on croise un cochon avec une fleur ?

(Je ne sais pas mais je n'irai pas sentir ça !)

Johnny rentre à la maison couvert
de poussière.
Sa maman lève les yeux au ciel.
- Mais comment diable fais-tu pour rentrer
toujours aussi sale !
- Normal, maman, je suis tout petit : je suis
beaucoup plus près du sol que toi !

Un enfant cyclope demande à son père :
- Comment ça se fait que je n'ai
qu'un œil, papa ?
- Oh, arrête de me casser
le pied avec tes questions !

- Est-ce que vous dites une prière avant de manger, chez toi ?
- Non, ça va, ma mère est une bonne cuisinière !

Un milliardaire collectionne les crocodiles vivants. Il les garde dans la piscine de sa propriété. Ce milliardaire possède aussi une fille, encore célibataire.
Un jour, lors d'une grande réception dans sa villa, il annonce :
- Mes chers amis, j'ai une proposition à faire à tous les hommes ici présents : je donnerai ma fille en mariage à l'homme qui sera capable de traverser ma piscine remplie de crocodiles à la nage, et de ressortir sain et sauf !
On entend alors un grand « SPLASH », et tout le monde regarde un gars nager à travers les crocodiles. Naturellement, la foule encourage le gars, et, finalement, le nageur parvient à l'autre extrémité de la piscine sans être blessé.
Le milliardaire s'écrie :
- Fantastique! Je n'aurais jamais cru ça possible ! Un homme aussi courageux fera un bon mari pour ma fille ! Le gars répond :
- Laissez tomber. Je suis déjà marié ! Mais, en revanche, je voudrais bien savoir quel est le CRÉTIN qui m'a poussé dans la piscine !

Un fou marche dans la rue en traînant une ficelle derrière lui. Il aborde un policier :
- Bonjour, monsieur l'agent, si vous voyez l'homme invisible, dites-lui qu'il ne s'inquiète pas, j'ai retrouvé son chien...

Deux copains discutent :
- Moi, je rêve de gagner un million d'euros par mois, comme mon père.
- Ton père gagne un million d'euros par mois !!!?
- Non, mais il en rêve aussi !

Une femme roulant trop vite se fait arrêter par un agent.

- B'jour, m'dame. Vos papiers, s'il vous plaît.

- Oh, je suis désolée, je n'ai pas de papiers ! Ni de permis de conduire.

L'agent fronce les sourcils.

- Est-ce que ce véhicule est à vous ?

- Ouh là, non ! En fait, c'est une voiture que j'ai volée, après avoir enfermé son propriétaire dans le coffre, là, derrière.

L'agent sort son arme et appelle ses supérieurs avec sa radio. Le capitaine arrive bien vite, accompagné de dix agents prêts à intervenir.

- Madame, gardez les mains bien visibles et ouvrez votre coffre.

La dame ouvre son coffre qui est totalement vide. Le capitaine est étonné.

- Mon agent me dit que vous avez volé cette voiture. Avez-vous vos papiers ?

- Volé la voiture ? Qu'est-ce que c'est que cette idiotie ? Bien sûr que j'ai les papiers du véhicule !

La dame sort sa carte grise, son assurance. La voiture est à elle !

- Je ne comprends pas, madame. Mon agent me dit que vous avez volé cette voiture, que vous avez enfermé son propriétaire dans le coffre, que vous n'avez ni papiers ni permis...?

La dame ouvre de grands yeux en s'écriant :

- Oh, mais c'est n'importe quoi ! Je suis sûre qu'il vous a dit que je roulais trop vite aussi, ce gros menteur !!!

Maman se fâche :

- Tu exagères, Tony : chaque fois que tu donnes du gâteau à ton frère, tu te gardes les plus gros morceaux et tu lui donnes les petits !

- Ce n'est pas ma faute, maman, c'est lui qui choisit !

- Comment ça ?

- Je lui dis : « Tu préfères le petit morceau ou rien du tout ? » et il choisit le petit morceau...

- Papy ?
- Oui ?
- Quand on sait où se trouve quelque chose, ça veut dire qu'on ne l'a pas perdu ?

- Évidemment.
- Génial ! Parce que je viens de laisser tomber les clés de la maison dans la rivière... !

Tommy est allé à un anniversaire.
Connaissant sa gourmandise, sa maman lui demande :
- Tu n'as pas été impoli, au moins ? Tu ne t'es pas gavé ?
Tu n'as pas demandé une deuxième part de gâteau ?
- Non, maman. En revanche, j'ai demandé la recette du gâteau que la maman d'Alex avait fait, pour qu'on puisse en faire un à la maison.
- C'est bien, je te félicite.
- Et la maman d'Alex était tellement contente de ma réaction qu'elle m'a donné deux parts de gâteau en plus sans que je lui demande !

Deux copains se sont disputés. L'un d'eux décide d'aller faire la paix. Il sonne à la porte. La maman ouvre.
- Bonjour, madame, est-ce que Lucas est là ?
La mère disparaît un instant et revient.
- Lucas m'a dit de te dire qu'il n'était pas là.
- Ah ouais ! Eh bien, vous direz à cet imbécile que je ne suis pas venu !

Une nuit, un gamin surprend
un cambrioleur dans sa maison.
- Mais... qu'est-ce que vous
faites ici ?
Le voleur sourit et répond :
- Je cherche de l'argent.
- Bonne idée, je vais chercher
avec vous !

Un père se fait sévère avec son gamin de 5 ans.
- Tu vas arrêter tes bêtises immédiatement ! C'est quand
même encore moi qui commande dans cette maison !
Il marque un temps, puis il ajoute,
très inquiet :
- Et surtout pas de gaffe !
Ne va pas me faire avoir
des histoires en racontant
à maman que je t'ai dit ça !

Joachim observe sa sœur qui est à la fenêtre avec un arrosoir.

- Qu'est-ce que tu fais, Marion ?
- Tu es idiot ou quoi ? Tu ne vois pas que j'arrose les fleurs ?
- Mais... Elles sont en plastique... !
- Je sais bien, c'est pour ça que je n'ai pas mis d'eau dans mon arrosoir !

Un homme appelle les pompiers.

- Vite ! Venez ! Il y a le feu chez moi ! Viiiite !
- Très bien, monsieur, quelle est votre adresse ?
- Vite ! Je suis trop choqué, je ne m'en souviens plus, veneeeeez !
- Mais si vous ne nous donnez pas votre adresse, comment voulez-vous qu'on vienne ?
- Mais venez dans votre gros camion rouge, crétin !!!

Un cactus se vante :
- Moi, je sais parler le langage des humains !
- Ah bon ? s'étonne un de ses congénères.
- Oui. D'ailleurs, ce n'est pas très compliqué, ils ne disent que deux mots :
« Aïe » et « Ouille » !

Un gars invite un de ses amis chez lui. Il lui fait visiter son appartement, et l'ami est étonné par un objet.
- C'est quoi, cet énorme gong ?
- Ça, c'est mon horloge parlante.
- Comment ça marche ?
- Facile, regarde !
Le gars prend un gros marteau en métal et donne un coup puissant dans le gong, qui sonne à en faire trembler les meubles.
Soudain, quelqu'un crie à travers le mur :
- Mais c'est pas fini ce boucan !
Il est presque minuit !!!

Une dame dit à son mari :
- Tu as vu, le voisin embrasse tendrement sa femme quand il part au travail. Pourquoi est-ce que tu ne fais pas la même chose ?
- Quoi ??? Mais je ne la connais pas, moi, sa femme ! Pourquoi veux-tu que je l'embrasse !

- Papa ! Papa ! Vite, maman s'est évanouie !
- Quoi ? Mais qu'est-ce qu'il s'est passé ?
- Je ne sais pas. J'étais tranquillement en train de chercher dans la maison le gros crapaud que j'ai ramené du lac et qui s'était sauvé de ma chambre...
- Ne cherche plus, je crois bien qu'elle a dû le retrouver...

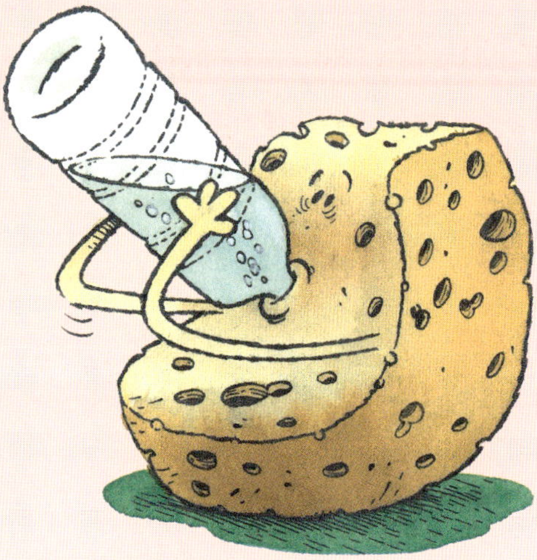

Devinette : Je bois de l'eau, mais je ne l'avale pas. Qui suis-je ?

(L'éponge.)

CUISINE : Le saucisson est le petit de la saucisse.

Sébastien est bien ennuyé :

- J'avais une histoire de boomerang à vous raconter, mais je l'ai oubliée...

- Ce n'est pas grave, elle va te revenir !

Deux copains discutent :
- C'est incroyable ce que mon chien est intelligent : l'autre jour, je me promenais dans la forêt avec mes parents, et je me suis perdu.
- Comment tu as fait pour rentrer à la maison ?
- C'est ça qui est incroyable : mon chien m'a retrouvé rien qu'à l'odeur ! Qu'est-ce que tu en dis !?
- J'en dis que je crois que tu devrais prendre un bain de temps en temps...

Un homme visite une galerie d'art moderne.
- Quelle idiotie ! dit-il en s'approchant du gardien de l'exposition. Regardez-moi cette horreur ! Je suppose que ce tableau de monstre au nez rouge et aux cheveux gras est ce que vous appelez de l'« art » ?
- Non, monsieur. Nous appelons ça un miroir... !

Une femme est amenée devant le juge pour avoir brûlé plusieurs feux rouges.

Le juge demande :

- Madame, reconnaissez-vous avoir grillé trois feux rouges le 26 juin 2009 ?
- Oui, Votre Honneur.
- Hmmm. Je vois dans votre dossier que vous êtes maîtresse d'école ?
- Oui, Votre Honneur.
- Très bien. Vous allez vous asseoir au fond de la salle et me copier 500 fois « Je ne dois pas brûler les feux rouges quand je conduis » !

La maman de Manon vient d'accoucher.

La petite fille va voir le bébé pour la première fois.

- Oh... regarde, maman, le bébé n'a pas de cheveux !
- C'est normal, ma chérie.
- Oh ! regarde, maman, il n'a pas de dents non plus !
- C'est normal, ma chérie.
- Et regarde, il est tout ridé !
- C'est normal, ma chérie.
- Mouais. Tout ridé, pas de dents, pas de cheveux... Tu es sûre qu'ils ne t'ont pas refilé un vieux bébé, par hasard... ?

Devinette : Qu'est-ce qui t'appartient mais qui est plus utilisé par tes amis que par toi-même ?

(Ton prénom !)

Dans le désert, un grain de sable dit à un autre grain de sable.
- Je crois qu'on est suivis !

Devinette : Une maman a cinq enfants et quatre pommes ; comment fait-elle pour donner la même part à chaque enfant ?

(Elle fait de la compote.)

Un chevalier du Moyen Âge rentre chez lui après de nombreuses années de croisade. Lorsqu'il retire son armure, sa femme s'exclame :

- Comme tu es bronzé !
- Non, répond-il, c'est de la rouille !

Le coiffeur dit à son client :
- Cette mousse ferait pousser des cheveux sur une boule de pétanque.
- Très bien. Mais est-ce que ça ne gênerait pas un peu le jeu ?

Deux enfants jouent au cow-boy dans le parc.
L'un des deux tombe et commence à pleurer.
Son copain s'approche, désolé, et dit :
- Oh, pardon, je ne voulais pas te faire mal, je voulais juste te tuer...

- Que vas-tu offrir à ta maman pour son anniversaire ?
- Un collier et une écharpe.
- Deux cadeaux ?
- Oui, comme ça, si elle n'aime pas le collier, elle pourra le cacher avec l'écharpe !

Un prestidigitateur se fait engager sur un bateau de croisière. Il fait une représentation de magie tous les soirs, mais il a un problème : le perroquet du capitaine ne cesse de parler pendant qu'il présente son spectacle, et révèle tous les « trucs » de ses tours de magie.

- Oh, facile ! Regardez, il a les foulards dans sa manche ! Et là, il y a des fils invisibles, il ne vole pas vraiment ! Et là, regardez, il a fait disparaître la carte derrière sa main ! Oh, le méchant tricheur, regardez un peu, mesdames et messieurs, il a mis la bouteille cassée sous son chapeau ! Et là, le lapin est dans le deuxième tiroir de la table !

Hou ! Remboursez !

Tous les soirs, le perroquet ridiculise le prestidigitateur désespéré.

Mais, une nuit, le bateau coule, et le perroquet se retrouve dans un canot de sauvetage avec le magicien. Quelques jours s'écoulent sans qu'ils se parlent. Mais, un matin, le perroquet craque.

- OK, je m'avoue vaincu : c'est quoi, le « truc » pour faire disparaître le bateau ?

Une fille prend sa première leçon de conduite. Le moniteur lui montre le clignotant en disant :
- Tournez à gauche, et n'oubliez pas de prévenir les autres conducteurs de ce que vous faites.
Alors la fille se penche à la fenêtre et crie :
- Attention, les gars, je tourne à gauche !

Un homme et son épouse ont décidé de passer une soirée en ville. Ils appellent un taxi et, juste au moment de fermer la porte de chez eux, un chat parvient à se faufiler dans la maison. L'épouse monte dans le taxi, tandis que le mari retourne dans la maison pour en faire sortir le chat.
La dame, qui ne veut pas que l'on sache qu'il n'y a personne dans la maison ce soir-là, explique :
- Mon mari est allé dire bonne nuit à ma vieille mère qui vit avec nous.
Le mari revient trois minutes plus tard et dit à sa femme :
- Ça y est, c'est fait. La sale bête s'était cachée sous le lit, il a fallu que je la fasse sortir à coups de balai !

Solde dans un grand magasin parisien. On se bouscule à tous les rayons dans une cohue indescriptible. Et voilà qu'une jeune femme vêtue d'une veste de tailleur et d'un slip rose entre en courant au bureau des objets trouvés :

- S'il vous plaît, on ne vous aurait pas rapporté une jupe avec deux enfants accrochés après ?

- Quel est votre prénom ? demande une dame à une jeune fille engagée pour s'occuper de sa maison.
- Marie-Hélène, madame...
- Très bien, je vous appellerai Marie.
- Et moi, madame, comment dois-je vous appeler ?
- Petite idiote !
- Oh, madame, je n'oserai jamais vous appeler comme ça !

Assise au bord du lit, la mère de Julien lui chante une berceuse pour qu'il s'endorme plus facilement. Puis elle continue avec une deuxième et insiste avec une troisième... Julien se met alors à soupirer :

- Dis, maman, je peux m'endormir, maintenant, ou tu veux encore chanter ?

Philippe voit son ami Frédéric attablé devant une énorme pizza.

- Tu ne vas pas manger ça tout seul ?
- Bien sûr que non ! Les frites que j'ai commandées arrivent !

Dans mon jardin, il tombe deux fois plus de neige que dans celui de mon voisin. Pourquoi ?

(Réponse : Parce que mon jardin est deux fois plus grand que celui de mon voisin.)

Un homme se présente à la ferme. Il demande à une paysanne :

- Où est le fermier ?
- Il est dans la porcherie, avec les cochons. Vous le reconnaîtrez facilement, c'est celui qui porte une casquette !

Pendant une cérémonie de mariage, une petite fille demande à sa maman :

- Pourquoi la mariée est habillée tout en blanc ?
- Parce qu'elle est heureuse... Le blanc, c'est la couleur du bonheur, de la joie...
- Ben alors, pourquoi le marié est habillé tout en noir ?

À quoi ça sert les vaches, papa ?

- Les vaches ? Oh, tu sais, les vaches sont très généreuses : elles nous donnent du lait et de la viande.
- Et les frites aussi ?

Un vieux Parisien en vacances d'hiver dans les Alpes a décidé d'aller pêcher dans un lac gelé. Il creuse un trou dans la glace du lac, s'installe avec son matériel au bord du trou et commence à attendre. Au bout d'une heure, il n'a toujours rien attrapé. C'est alors qu'arrive un gamin qui perce un trou non loin de celui du premier pêcheur et qui se met à pêcher aussi. Cinq minutes plus tard, le gamin s'agite et sort un poisson énorme. Le pêcheur pense que c'est de la chance et prend son mal en patience. Mais cinq minutes après, le gamin sort un second poisson, puis un troisième et un quatrième ! N'y tenant plus, le pêcheur s'approche du gamin :

- Hé, petit, ça fait plus d'une heure que je suis là et je n'ai rien pris. Et toi, en un quart d'heure, tu te prends une demi-douzaine de monstres ! Tu as un secret ?

- Fo waé lé wée o ho ! répond le gamin.

- Hein ?

- Fo waé lé wée o ho !

- Je ne comprends rien, tu ne peux pas articuler ?

Alors, le gamin crache un truc dans sa main, puis dit :

- Faut garder les vers au chaud !

- Bon, je vais devoir raccrocher, il y a un monsieur qui attend dehors et qui n'arrête pas de frapper à la porte de la cabine téléphonique.
- Comment ça, la cabine téléphonique ? Je croyais que tu m'appelais de ton téléphone portable ?
- Oui, je t'appelle bien avec mon portable, mais, comme il pleuvait, je me suis abrité dans une cabine téléphonique !

- Tu sais, rien ne vaut un bon journal.
- Pourquoi ?
- Tu as déjà écrasé une mouche avec une télévision ?

Un petit garçon entre dans la cuisine en courant :
- Maman, Audrey a mal, mais c'est elle qui a commencé !

Un monsieur pose des panneaux « Attention au chien » dans son jardin.
Son voisin lui demande :
- Pourquoi toutes ces pancartes ?
Ton chien est tout petit.
- Justement, c'est pour qu'on ne l'écrase pas.

À l'aéroport, l'adjudant-chef douanier réunit les autres policiers :
- Vous allez me passer les sept autruches qui viennent d'Australie sous le portique qui sert à détecter les objets métalliques !
- Vous craignez une ruse des trafiquants ?
- Non, répond le chef, j'aimerais simplement savoir laquelle a avalé ma montre !

Un bus plein à craquer descend une pente à toute vitesse. Un homme court derrière pour le rattraper. Un passager l'aperçoit et lui crie par la fenêtre :
- Mon pauvre monsieur, vous n'y arriverez jamais ! Attendez le prochain !
- Je ne peux pas, répond-il, essoufflé, c'est moi le chauffeur de ce bus-là !

Un grand-père et sa petite-fille sont assis sur le banc d'un jardin public.
La petite fille demande :
- Dis, papy, est-ce que c'est Dieu qui t'a créé ?
- Oui, ma petite fille, on peut dire ça. C'est Dieu qui m'a créé.
Quelques minutes passent, puis la petite fille revient à la charge.
- Papy, papy, est-ce que c'est Dieu qui m'a créée moi aussi ?
- Mais oui, c'est lui aussi.
Alors, la petite fille observe bien son papy de haut en bas pendant un long moment, puis elle sort un petit miroir de sa dînette et observe soigneusement son reflet à elle pendant un long moment. Le grand-père, qui la regarde faire, ne comprend pas bien les idées qui passent par la tête de sa petite-fille, mais soudain, elle lui dit :
- Tu sais, papy, j'ai l'impression que Dieu fait du bien meilleur boulot ces temps-ci...

La maîtresse de maison à sa servante :

- Germaine ! Le perroquet a disparu ! Vous n'avez rien remarqué d'anormal en mon absence ?

- Non, rien, madame... À part peut-être le chat qui s'est mis à parler...

Deux messieurs dans une voiture sont arrêtés à un feu rouge.

- C'est vert, dit le passager.

Le conducteur ne démarre pas.

- C'est vert ! répète le passager.

Le conducteur ne démarre toujours pas.

- C'est vert !!! s'énerve le passager.

Le conducteur se tourne vers lui et dit :

- Je ne sais pas... une grenouille ?

Rémi est en train de feuilleter l'album de photographies de la famille et il demande à sa mère :
- Maman, qui c'est ce beau jeune homme en maillot qui est avec toi sur la plage ?
Très mélancoliquement, sa mère lui répond :
- C'était il y a vingt ans, mon chéri. C'est ton père...
- C'est papa ? Mais alors, qui est ce monsieur chauve qui vit à la maison avec nous ?

Une dame entre chez un marchand de vêtements.
- Bonjour, je voudrais essayer la robe dans la vitrine.
Le vendeur, très gêné, lui demande :
- Vous ne préférez pas plutôt l'essayer dans une cabine ?

La maman du petit Pierre est enceinte. Il demande :

- Ça te fait mal quand il met des coups de pied ?
- Non, c'est tout doux.
- Ça, c'est parce que le bébé dans ton ventre a mis des grosses chaussettes !

Paul rencontre un ami :

- As-tu reçu ma lettre ?
- Celle dans laquelle tu me réclames les 100 euros que je te dois ?
- Oui !
- Euh... Non, je ne l'ai pas reçue !

Deux pirates se rencontrent.
- Tiens, dit l'un, tu as un crochet à la place de la main ?
- Oui, j'ai perdu une main en attaquant un galion espagnol.
- Et ta blessure à la joue, c'est un marin espagnol qui te l'a faite ?
- Non, c'est un moustique qui m'a piqué, je n'avais pas encore l'habitude du crochet.

M. et Mme Dupont ont cinq enfants. La moitié de ces enfants sont des filles.
Comment est-ce possible ?

(C'est très simple : l'autre moitié des enfants de M. et Mme Dupont sont aussi des filles !)

Devinette : Si je fais tomber une pièce de 3 euros dans une bouche d'égout, est-ce que je vais devoir me salir pour la récupérer ?

(Réponse : Non, pour une raison simple : les pièces de 3 euros n'existent pas !)

- Papa, où se trouve l'Afrique ?
- Demande à ta mère, c'est elle qui range tout !

Le papa crie à son fils :
- Si tu n'arrêtes pas de faire l'imbécile, je t'enferme dans le poulailler !
- J'm'en fiche ! J'pondrai pas !

Un type rencontre un copain qui a un œil au beurre noir.

- Ben, dis donc ! Qu'est-ce qui t'est arrivé ?
- Bof ! Une discussion avec un bonhomme à propos de la circulation en ville !
- Et tu n'as pas appelé un agent ?
- C'était un agent !

Deux copains discutent.

- Mon père, il veut toujours jouer avec mes jeux vidéo.
- Ah, le mien aussi ! Mais tu sais, c'est normal : les adultes, c'est juste des enfants qui ont grandi !

- Chloé, tu vas avoir un nouveau petit frère !
- Pourquoi, maman, tu ne veux pas garder l'ancien ?

Trois hommes discutent.
Le premier dit :
- Ma femme, avant d'accoucher, lisait « Les trois mousquetaires », et elle a eu des triplés !
Le deuxième répond :
- Moi, ma femme lisait « Les deux orphelines » et elle a eu des jumeaux !
Le troisième, affolé, s'écrie :
- Excusez-moi, il faut que je me sauve, ma femme est enceinte et elle est en train de lire « Ali Baba et les quarante voleurs »!

Papa demande au petit Théo, 4 ans :
- Qu'est-ce que tu fais avec ce crayon et cette feuille ?
- J'écris une lettre à Julie pour lui dire que je l'aime bien.
- Mais tu ne sais pas écrire, Théo...
- C'est pas grave :
Julie ne sait pas lire !

Un papa montre à son fils une petite voiture de collection.
- Tu vois, cette voiture était à moi quand j'étais petit.
- Ben, tu devais être tout minus pour rentrer là-dedans !

Le jeune Olivier est en train de promener son chien lorsqu'il découvre une lampe magique sur le bas-côté de la route. Il la ramasse, la secoue un peu et un génie en sort.

- Bonjour, Maître, je suis un apprenti génie. Je peux t'accorder un vœu.

Que désires-tu ?

- Je voudrais une boutique remplie de bonbons et que chaque bonbon soit de ma couleur préférée, avec des goûts extraordinaires.

- Sois réaliste un petit peu ! répond le génie. Je ne peux pas faire des bonbons tous de la même couleur et qui aient des goûts différents ! Soyons sérieux, je suis peut-être un génie, mais je ne suis pas un faiseur de miracles !

- Tant pis, dit Olivier, alors je voudrais juste arrêter d'avoir des zéros à l'école sans avoir besoin de travailler. Le génie marque un temps d'arrêt et répond à Olivier.

- Bon d'accord, je vais m'occuper de tes bonbons... C'est quoi, ta couleur préférée ?

- Maman, maman, j'ai une bonne et une mauvaise nouvelle. On commence par laquelle ?
- La bonne, dit la mère.
- Alors, la bonne nouvelle, c'est que je suis la première de la classe.
- C'est super, félicitations !
Et la mauvaise nouvelle ?
- La mauvaise nouvelle, c'est que ce n'est pas vrai !

À la veille de l'échographie, la petite Mélanie demande à sa mère :
- Est-ce qu'on va savoir si c'est un petit frère ou une petite sœur ?
La maman répond :
- Oui, à condition que le bébé soit bien placé...
La petite Mélanie :
- ... et qu'il n'ait pas remis sa culotte !

Au rayon des jouets, un monsieur s'amuse à manœuvrer un train miniature.
Puis il appelle le vendeur :
- Bonjour, je souhaiterais acheter un train comme celui-ci, s'il vous plaît !
- Très bon choix, répond le vendeur. Ce train amusera certainement beaucoup votre petit garçon !
- Vous avez raison, je vais en acheter un pour lui aussi, donnez-m'en deux !

Une dame vient de raccrocher son téléphone. Son mari lui demande :
- Qui c'était ?
- C'était ma mère, répond l'épouse, et je crois bien qu'elle est devenue à moitié folle !
- Ah bon, répond le mari, ça va mieux alors !

- Je suis très fatigué, j'ai passé toute ma soirée à remplir ma salière.
- Toute la salière ???
- Oui, ma salière n'a que quatre petits trous minuscules !

Adrien et sa famille sont au ski.
- Adrien, je ne vois plus papa, est-ce que tu sais où il est allé ?
- Oui, maman, regarde là-bas, tu vois, en bas de la piste noire, il y a un gros sapin à gauche du chalet ?
- Oui.
- Eh bien, le petit point rouge étalé dans la neige au pied du sapin, c'est papa !

Une jeune recrue parachutiste s'apprête à sauter de l'avion. Son chef l'arrête de justesse :

- Tu es fou, tu ne t'es pas bien préparé ! Tu ne vas pas sauter d'un avion sans ton parachute ?
- Qu'est-ce que ça peut faire ? C'est un exercice d'entraînement, non ?

Un soldat appelle son chef :

- Chef, chef ! J'ai trouvé la bombe ! Elle va exploser dans 59 secondes, venez vite !
- Je suis là dans une minute ! répond le chef...

- C'est quand que j'ai eu ma première dent, maman ?
- Demande à ton père, je crois qu'il s'en souvient très bien.
- Pourquoi ça ?
- Parce que, ce jour-là, tu l'as mordu !

Un bébé pleure depuis un moment à la plage. Un passant dit au père :
- Quand ma fille était petite, mon épouse chantait des berceuses pour calmer le bébé. Ça marche bien, vous devriez essayer.
- Oui, c'est ce qu'elle faisait aussi... Mais les voisins sont venus, et ils nous ont dit qu'ils préféraient entendre le gosse pleurer !

- Cet été, je vais en Afrique !
- Il faudra boire beaucoup, là-bas, il fait 40° à l'ombre.
- Oh non, pas besoin, je ne suis pas obligé de rester à l'ombre !

- Papa, cette nuit j'ai rêvé que tu me donnais 2 euros parce que j'avais été sage.
- C'est un beau rêve. Et aujourd'hui, tu as été sage ?
- Oui, papa.
- Très bien, alors, tu peux les garder.

- Nicolas, est-ce que tu as vu ton petit frère ?
- Oui, je l'ai mis dans le frigo.
- Mais tu es fou ! Il va attraper froid !
- Ne t'inquiète pas, maman, j'ai fermé la porte.

Elle est grande avant d'être petite, qu'est-ce que c'est ?

(Une bougie.)

Devinette : Pourquoi faut-il fermer un œil quand on vise ?

(Parce que, si on ferme les deux, on ne voit plus rien !)

Deux hommes se rencontrent dans
la rue. L'un des deux se plaint :
- Avant, je n'arrivais pas à dormir, je n'avais pas l'esprit tranquille, j'avais peur des cambrioleurs. Alors, j'ai acheté un gros chien, mais je n'arrive toujours pas à dormir.
- Qu'est-ce qui t'en empêche ?
- Les ronflements du chien !

Le père d'un garçon dit un jour à son fils :
- J'ai toujours été premier de la classe à l'école !
- Toi, papa ? Ça m'étonne, mamie ne me l'a jamais dit...
- Et pourtant, c'est la vérité ! Tous les matins, à huit heures, j'étais là en premier !

Un garçon écrit une lettre à une fille :
Le midi je ne mange pas car je pense à toi, le soir je ne mange pas car je pense à toi, et la nuit je ne dors pas car… j'ai faim !

En plein été, dans un magasin de tissu, une jeune fille en mini-jupe s'adresse à un vendeur :
- Je voudrais prendre de ce tissu pour me faire une nouvelle robe. Combien vaut-il ?
- Ça sera un baiser le mètre, jolie demoiselle, répond le vendeur.
- Très bien. Vous m'en couperez cinq mètres alors, dit la fille.
Tout rougissant et rapidement, le vendeur prend les mesures du tissu et fait la découpe, puis il emballe le tissu et le pose sur le comptoir en regardant la fille avec insistance. À ce moment-là, la fille se tourne vers le trottoir et appelle :
- Grand-père, tu peux venir payer le monsieur ?

- Dis, papa, tu peux me prêter 5 euros ?
- Tu exagères ! Tu me dois déjà 5 euros !
- Oui, justement, c'était pour te les rendre...

- Carla, est-ce que tu as changé l'eau du poisson rouge ?
- Bah non, il n'a pas bu toute l'eau d'hier !

Qu'est-ce que ça fait un parachutiste distrait qui saute au-dessus de la mer ?
- Un grand PLOUF !

Au Texas, un cow-boy entre dans un saloon et dit :

- Si vous ne me servez pas une bière et un bon repas tout de suite, je fais exactement ce que mon grand-père a fait ici il y a quelques années ! Rapidement, il est servi et tout le monde s'inquiète.

Quelques jours après, il revient et dit encore :

- Si vous ne me servez pas tout de suite une bière et un bon repas, je fais comme mon grand-père et franchement, ce ne sera pas beau à voir !

Le barman s'exécute. Dans les jours qui suivent, le cow-boy continue à venir et à menacer tout le monde de faire comme son grand-père des années auparavant. Enfin, un fermier ose l'approcher, inquiet, et demande :

- Peut-on savoir ce qu'a fait votre grand-père quand on ne lui a pas servi son repas et sa boisson ?

- C'est très simple, répond le cow-boy, il est mort de faim et de soif !

- Hé ! T'as oublié de mettre un slip !
- Quoi ? Que... Comment tu sais ça ?
- Facile, t'as aussi oublié de mettre un pantalon...

- Julie, où habite ta mamie ?
- Elle habite à l'aéroport.
- Tu es sûre ?
- Bah oui, c'est toujours là qu'on va la chercher !

- Dis, maman, tu as la mémoire des visages ?
- Oui, bien sûr. Pourquoi ?
- Parce que je viens de casser ton miroir...

Deux hommes sont partis à la pêche dans les Pyrénées. Soudain, un ours d'au moins deux cents kilos surgit de derrière un rocher et commence à les poursuivre dans les chemins rocailleux. Finalement, les deux hommes se réfugient dans un arbre. L'ours n'en démord pas et commence à grimper lui aussi. L'un des deux compagnons ouvre son sac à dos, sort ses chaussures de sport et les chausse. Puis il ôte son pantalon de toile et enfile un short. L'autre lui demande :

- Mais qu'est-ce que tu fais ?

Il répond :

- Lorsque l'ours sera à trois mètres, on saute de l'arbre et on court.

Le compagnon l'interroge :

- Tu crois vraiment que tu peux battre un ours à la course ?

Alors, le premier répond :

- C'est pas l'ours que je veux battre à la course, c'est toi !

À la plage, un monsieur est très en colère.
- Madame, il est à vous, ce sale gosse qui met du sable dans mon chapeau ?
- Ah non, monsieur ! Mon fils, c'est celui qui est en train de verser un seau de crabes dans vos chaussures...

Un gars rentre dans un bar. Tout de suite, il remarque un groupe de joueurs de poker autour d'une table, au fond de la salle. Parmi les joueurs, il y a un chien !
Le gars se tourne vers le barman et lui demande :
- Hé, dites donc, le chien, il se débrouille bien ?
Le barman répond :
- Pas vraiment, non... Chaque fois qu'il a un bon jeu, il remue la queue.

- Nos voisins n'ont pas beaucoup d'argent, apparemment.
- Qu'est-ce qui te fait dire ça ?
- Hier, ils ont appelé les pompiers parce que leur bébé avait avalé une pièce d'un euro !

- Maman, dit un petit garçon, regarde la chance que j'ai.

Il défait sa chaussure dans la semelle de laquelle il y a un grand clou d'enfoncé.

- Tu appelles cela avoir de la chance ?
- Oui, parce que si j'étais une voiture, je serais complètement à plat.

Trois personnes discutent avant de partir faire un safari dans la jungle.

- Moi, dit le premier, j'emporte un énorme morceau de viande. Comme ça, si un lion nous attaque, je lui lance la viande, et je me sauve pendant qu'il la mange.

- Moi, dit le second, je préfère emmener une cage d'acier. Si un lion nous attaque, je le capture et je le mets dans la cage !

- Et moi, dit le troisième, j'emporte un rocher.

- Un rocher ? Mais pour quoi faire ?

- Si un lion nous attaque, je le jette, et comme ça je pourrai courir beaucoup plus vite !

Les parents de Nico discutent du nouveau bébé qui vient d'arriver...

- La maison est devenue trop petite pour quatre personnes, on va devoir déménager.

Mais Nico secoue la tête :

- Ça ne sert à rien de déménager. De toute façon, il va nous suivre !

Un homme très musclé attend à l'arrêt de bus quand un passant tousse à côté de lui.

- Mettez votre main devant votre bouche pour tousser, parce que sinon vous allez vous retrouver à l'hôpital.

- Oh, ne vous inquiétez pas, je n'ai qu'un petit rhume, on ne va pas à l'hôpital pour si peu !

Le gros musclé remonte ses manches d'un air mauvais.

- Oh si, c'est exactement là que vous irez si j'attrape votre rhume !

Une petite fille de 9 ans demande à sa mère :

- Maman… Pourquoi papa il n'a presque plus de cheveux sur la tête ?

- C'est parce qu'il réfléchit beaucoup trop ! Le cerveau est bouillant et les cheveux ne peuvent plus pousser…

- Oui mais, alors… maman… pourquoi toi, tu as autant de cheveux ?

Un garçon et une fille se disputent pour la dixième fois de la journée.

- Ça fait deux ans que l'on se connaît, crie le garçon, et on n'arrive jamais à se mettre d'accord sur quelque chose !

- TROIS ! s'écrie la fille.

- Trois quoi ?

- Ça fait TROIS ans qu'on se connaît !

- Baptiste, qu'est-ce qu'il a dit ton père, avant de se casser la jambe ?

- Il nous a dit : « Je vais vous montrer comment on fait du skate-board, bande de rigolos ! »

- Si je te donne deux bananes, et puis encore deux, combien est-ce que tu auras de bananes en tout ?
- Euh... Je ne sais pas. À l'école, on apprend à compter avec des pommes.

Un type se présente auprès d'un directeur de cirque et lui dit :
- Je fais un numéro très, très spectaculaire : je lance une masse de cinquante kilos que je rattrape avec la tête !
Le directeur, étonné, l'engage et lui dit qu'il peut commencer le soir même.
Le spectacle commence, vient le tour du type qui lance en l'air une masse de cinquante kilos et la reçoit sur la tête...
Et, bien entendu, le type est complètement assommé, on le conduit à l'hôpital.
Le lendemain, il se réveille avec un grand sourire, il écarte les bras, et s'écrie : « ET VOILÀ !!! »

Un monsieur veut acheter un pigeon voyageur.
Dans le magasin d'animaux, tous les pigeons valent 25 euros, excepté un, qui vaut 150 euros.

- Pourquoi ce pigeon est-il si cher ?
- Parce que ce pigeon voyageur est issu d'un croisement entre un pigeon et un pivert.
- Ah bon ? Et qu'est-ce qu'il a de plus que les autres pigeons voyageurs ?
- Eh bien, quand il porte un message, il frappe à la porte.

Hugo arrive en courant avec un lance-pierres dans les mains.
- Maman, tu voulais faire connaissance avec les voisins ? Je crois qu'ils arrivent !

Devinette : Quand on prononce mon nom, je disparais. Qui suis-je ?

(Réponse : Le silence.)

Ma voisine est tellement désagréable que, quand elle mange un citron, c'est le citron qui fait la grimace.

Leïla ne veut pas manger du poisson.
- Allons, la gronde son grand-père, mange du poisson ! C'est très bon le poisson ! C'est excellent pour... euh... pour...
- Pour la mémoire, pépé ?

Le petit Léo court vers sa maman.
- La tente du cirque vient de s'envoler, et je crois que c'est de ma faute !
- Comment as-tu fait ton compte ?
- Euh... j'ai donné de la poudre à éternuer aux éléphants !

Deux amis sont allés voir un match de football.
Le premier ne cesse pas de crier
depuis le début, et il commence à être enroué.
Il dit à son ami :
- J'ai perdu ma voix !
Son ami lui répond :
- Cherche-la dans
mes oreilles.

Léa sort une banane de son cartable et
commence à la manger sans enlever la peau.
- Léa ! Tu es folle, il faut l'éplucher
avant de la manger !!!
- Bof, pas besoin, depuis le temps
que j'en mange, je sais ce qu'il
y a dedans !

- Regarde, j'ai construit un château avec mes cubes en bois.
- Mais ils sont tous étalés par terre !
- Normal, c'est un château en ruine.

Deux enfants jouent.
- On joue au papa et à la maman ? dit le garçon.
- Oh non, c'est trop ennuyeux, je n'ai pas envie de faire la vaisselle pendant que tu regardes la télé sur le canapé !

Trois enfants reviennent de l'école ensemble. L'un porte un imperméable, un autre un coupe-vent, et le troisième a un parapluie. Lequel va se faire mouiller le plus ?

(Réponse : Personne, je n'ai jamais dit qu'il pleuvait !)

Une petite fille demande à son copain :

- Tu savais que les garçons savent moins de choses que les filles ?

- Euh... non, je ne le savais pas.
- Hi, hi, tu vois que c'est vrai !

Soudain, dans la rue, un passant s'écroule.
Un attroupement se forme aussitôt,
et un homme s'écrie :
- Vite ! Allez lui chercher un verre d'eau !
Une dame intervient :
- Mais non ! Portez-lui plutôt
un petit verre d'alcool !
Le type qui est à terre
soulève péniblement sa
tête et dit :
- C'est... hips... la dame...
hips... qui a raison !

Devinette : Un agent secret saute
par une fenêtre d'une maison de cinq
étages et il ne se fait absolument
pas mal.
Comment a-t-il fait ?

(Réponse : Il a sauté par la fenêtre
du rez-de-chaussée !)

LE PARACHUTISME EN TROIS LEÇONS :

Leçon n° 1 : Tant que tu vois les vaches comme des fourmis, il n'y a pas de danger.

Leçon n° 2 : Quand tu commences à voir les vaches comme des vaches, il est temps d'ouvrir ton parachute.

Leçon n° 3 : Quand tu vois les fourmis comme des vaches... il est trop tard !

- Maman, tu peux m'acheter une sucette ?

- Non, ça donne des caries aux dents, ma cocotte !

- Oh, mais c'est pas grave, je vais la lécher avec ma langue... pas avec les dents !

- Je vais acheter ce tableau ! dit le client au peintre.
- C'est une affaire, monsieur.
J'y ai passé dix ans de ma vie.
- Dix ans ? Quel travail !
- Eh oui : deux jours pour le peindre et le reste pour réussir à le vendre !

Quand je tourne la tête, vous pouvez entrer.
Si je la tourne à nouveau, vous êtes bloqué. Qui suis-je ?

(Réponse : Une clé)

Je monte et je descends, et pourtant je ne bouge pas. Qui suis-je ?

(Réponse : Un escalier)

- Oh, Manu, ton père vend des chaussures et tu trouves le moyen de mettre une paire complètement usée et sale !
- Et toi, alors ? Ton père, il est dentiste et ta petite sœur n'a que deux dents !

- Papa, dit un petit garçon, notre maîtresse ne sait même pas à quoi ressemble un cheval !
- Tu crois vraiment ? Cela m'étonne...
- J'en suis sûr ! Quand je lui ai montré le cheval que j'avais dessiné, elle m'a demandé ce que c'était !

Une grande cheminée dit à une petite cheminée :
- Tu es trop jeune pour fumer.

C'est un gars qui est chez le coiffeur et à qui le coiffeur demande quelle coupe il désire.
- Je voudrais : rasé sur le côté gauche, la banane mais juste à droite et de travers, la brosse sur le dessus, mais avec un trou au milieu, la nuque dégarnie mais avec quelques touffes par-ci par-là.
- Mais c'est impossible, monsieur, ce n'est pas une coupe de cheveux que vous me demandez là, c'est n'importe quoi !
Le gars répond :
- Ah ouais ? Pourtant, c'est ce que tu m'as fait la dernière fois !

Un papa et son fils se promènent au parc. Le père s'assied sur un banc, mais le fils hésite à s'asseoir.
- Eh bien ? Tu ne t'assieds pas ? demande le père.
- Je... je peux me mettre sur tes genoux ?
- Pourquoi ça ?
- La peinture du banc n'est pas sèche !

Nicolas rend visite à sa petite sœur qui vient de naître et a encore le visage rouge. À sa deuxième visite le lendemain en la regardant, il demande :
- Maman, tu lui as changé la tête ?

Un automobiliste roulant à bord de sa superbe voiture de sport à 130 km/h se fait dépasser par un poulet à trois pattes qui court très vite. Vexé, il accélère pour rattraper le poulet et le dépasse à 150 km/h, mais le poulet accélère à son tour et le double de nouveau. Le poulet sort de l'autoroute et se rend dans une ferme, suivi de près par le conducteur, qui s'arrête et va trouver le fermier.

- Monsieur, je viens de voir une chose extraordinaire, un poulet à trois pattes vient de rentrer dans votre ferme.
- Ben oui, mon p'tit gars, lui dit le fermier, j'en ai trois mille des poulets.
- Et ils ont tous trois pattes ?
- Ben oui !
- Et pourquoi ils ont trois pattes ?
- Ben parce que ma femme, mes enfants, mes amis et moi-même aimons les cuisses de poulet, et qu'on les a sélectionnés pour qu'ils aient tous trois pattes.
- Ah, et vous en mangez souvent ?
- Ben non, on n'arrive pas à les attraper.

Willy et ses amis sont à une séance de cinéma, et ils n'arrêtent pas de parler pendant le film. Leur voisin se penche vers eux et leur dit :

- S'il vous plaît, je n'entends rien du tout !

- Et alors ? Notre conversation ne vous regarde pas !

Dans un magasin de jardinage, un homme accoste un vendeur.

- Bonjour, avez-vous quelque chose de bon pour les fourmis ?

- Pour les fourmis ? Il y a cet insecticide qui est très bien.

- Vous rigolez ? Je vois bien que ce n'est pas bon pour les fourmis, c'est écrit que ça les tue !!!

C'est un représentant qui sonne à la porte d'une maison, et c'est le petit Kévin, 10 ans, qui ouvre la porte, un pot de pâte à tartiner ouvert dans une main, des bonbons dans l'autre, et la bouche pleine de gâteaux au chocolat.

- Bonjour, mon petit.

Est-ce que ta maman est là ?

Et Kévin répond :

- Devinez...

Une femme affolée appelle le vétérinaire :

- Docteur, mon chien vient d'avaler un cachet d'aspirine ! Qu'est-ce que je peux faire ?

- Donnez-lui un mal de tête !

- Papa, le blanc, c'est une couleur ?
- Oui.
- Et le noir ?
Le noir, c'est une couleur ?
- Euh... oui.
- Ah, je le savais bien que la télé noir et blanc de mamie, c'est une télé couleur !

Une jolie bergère se promène seule dans la forêt. En passant près du lac, elle voit un loup se débattre pour ne pas mourir noyé. N'écoutant que son courage, elle se précipite dans l'eau. Elle attrape le loup par les oreilles et le ramène vers le rivage quand, soudain, le loup se transforme en prince charmant. Celui-ci la regarde, lui sourit et lui dit tout bas :
- Merci, jolie bergère, tu m'as sauvé la vie et libéré d'un mauvais sort. Mais maintenant, tu sais, tu peux me lâcher les oreilles, ça fait mal !

Toto demande à son père :
- Papa, est-ce que tu es courageux ?
- Mmmh ? Oui, je suis courageux.
- Très courageux ?
- Oui, bien sûr !
- Extrêmement courageux ?
- Oui, extrêmement courageux !
- Alors, lis ce que le maître a écrit sur mon livre scolaire...

Le petit Léo mange un pain au chocolat en se regardant dans le miroir. Sa mère est étonnée.
- Eh bien, Léo, pourquoi est-ce que tu te regardes manger ?
- Parce que, comme ça, j'ai l'impression d'en manger deux !

- Pourquoi as-tu rompu tes fiançailles, elle était charmante !
- Oui, mais elle était institutrice et, chaque fois que j'arrivais en retard à un rendez-vous, il fallait que j'apporte un mot d'excuse de mes parents !

Enceinte de son deuxième enfant, madame prend un comprimé de vitamines lorsque son petit garçon qui l'observe lui demande ce qu'elle fait.

- Je prends du fer, lui dit-elle.

Surpris, il s'écrie :

- C'est un petit bébé ou un petit robot que tu vas avoir, maman ?

- Émilie, où est passé le paquet de bonbons qui était sur l'étagère de la cuisine ?
- Je l'ai donné à une pauvre enfant qui avait très faim, maman.
- Ah ? Dans ce cas, c'est plutôt une bonne action. Et qui était cet enfant qui avait faim ?
- Ben... moi !

Une petite île perdue au milieu de l'océan. Un naufragé barbu agite désespérément les bras en direction d'un bateau. Sur le pont, un passager demande au capitaine :
- Qui est-ce ?
- Aucune idée. On passe tous les ans devant son île, et chaque fois ça le rend fou ! Il nous salue et il nous fait des grands signes !

Deux vis parlent d'un tournevis :

- Oh, celui-là, quel beau gosse !
- Oh oui, il nous a bien fait tourner la tête !

Papa, pourquoi as-tu épousé maman ?
- Ah ! Toi aussi tu te poses la question ?

- Mamie, est-ce que tu as de bonnes dents ?
- Oui, j'ai encore de très bonnes dents !
- Super ! Tu peux surveiller mes caramels ? Si quelqu'un s'en approche, tu le mords !

Une souris et un éléphant font du jogging dans la jungle. La souris, peu habituée à courir si vite, commence à s'essouffler.

- Si tu veux, propose l'éléphant, tu peux monter sur mon dos, pour te reposer.
- D'accord, répond la souris, soulagée, mais après, on échange.

Deux voleurs sont dans une gare.

- On prend le train ?
- Je veux bien, mais on va le cacher où ?

- Théo ! Tu as mangé tous les gâteaux sans penser à nous ! Tu aurais pu nous en laisser !
- Oh, au contraire, je n'ai cessé de penser à vous en les mangeant : j'avais trop peur de vous voir arriver !

Dans un supermarché, Éric est fasciné par les étiquettes des boîtes de nourriture pour chats.
- Que se passe-t-il, Éric ? demande sa maman. Tu trouves jolies les photos des chats sur les boîtes ?
- Oh non, je me demandais juste pourquoi on ne trouvait pas de boîte de chats au goût de souris !

Un petit garçon demande à sa mère :
- Maman, quand je dormais dans ton ventre, j'étais tout nu ou en pyjama ?

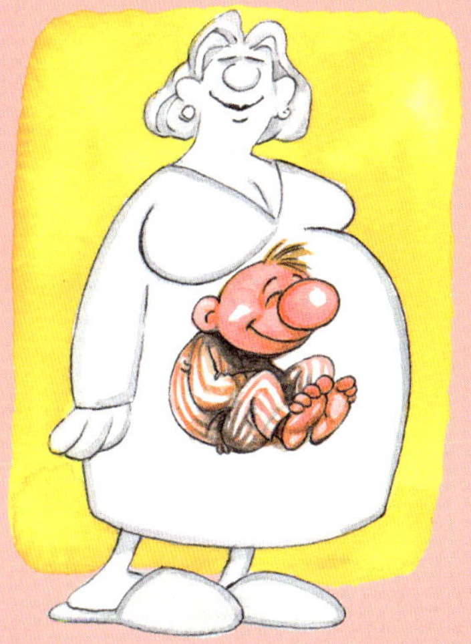

Devinette : Quel est l'objet qui pleure quand on lui tord le cou ?

(Le robinet !)

Jeanne revient de chez le dentiste.
- Est-ce que ta dent te fait encore mal ?
- Je ne sais pas, maman. Elle est restée chez le dentiste.

Un homme qui cherche du travail voit une affiche qui propose : « Pour un travail pas trop fatigant, temps plein, salaire honnête, téléphoner au zoo de votre ville. » L'homme téléphone sur-le-champ au directeur du zoo :
- Bonjour, j'ai entendu dire que vous avez un poste à offrir. Ça m'intéresse.
- Très bien, je vous explique le travail : notre singe est mort dernièrement et je cherche quelqu'un pour le remplacer. Vous travaillez 8 heures par jour, pour 1500 euros plus les repas gratuits. Ce n'est pas très fatigant, vous faites des grimaces aux touristes et vous les amusez.
- J'accepte avec plaisir, monsieur le directeur !
Pendant environ deux semaines, notre ami apprend à se promener sur les arbres de sa cage sans tomber. Un jour, en faisant sa représentation, la branche lui glisse des mains et il tombe dans la fosse aux lions.
Le lion s'approche de lui à pas lents.
L'homme déguisé en singe s'accroche aux barreaux en criant :
- Au secours ! Au secours ! Sauvez-moi !
Alors, le lion lui chuchote :
- Chut, tais-toi, on va se faire renvoyer !!!

Maman n'est pas contente.
- Écoute, Lilian, les grands garçons de 6 ans ne sucent pas leur pouce !
- Ah bon ? Ils sucent quel doigt, alors ?

- Louise, c'est toi qui as appris tous ces gros mots à ta petite sœur ?
- Non, je lui ai juste donné la liste des mots qu'il ne fallait surtout pas dire !

Hugo joue dans sa chambre avec son petit frère, qui fait un caprice parce qu'il veut être le chef.
- D'accord, dit Hugo, c'est toi le chef, mais c'est moi qui décide !

Un père et son fils visitent le zoo.
- Tu préfères aller voir le tigre mangeur d'hommes, ou le singe mangeur de bananes ?
- Euh... je préférerais voir l'enfant mangeur de barbe à papa !

Trois garçons discutent :
- Cette année, pour mon anniversaire, j'ai eu un vélo ! dit le premier.
- Et moi, j'ai eu des rollers, dit le second.

- Vous avez de la chance, dit le troisième. Moi, pour mon anniversaire, j'ai eu la varicelle...

Un patron, fou de rage, fait irruption dans le bureau de sa secrétaire.
- Vous n'entendez pas le téléphone ? Cela fait cinq minutes qu'il sonne et vous ne décrochez pas ?
- Oh non, plus maintenant ! J'en ai eu assez de prendre les communications. Ce n'était jamais pour moi !

Une olive verte voit passer une olive noire.

- Waw ! Tu es superbronzée ! Tu reviens de vacances ?

Un petit garçon demande dans une animalerie :

- Je voudrais des graines pour oiseaux.
- Bien sûr. Qu'est-ce que tu as comme oiseau ?
- Ben, je sais pas encore... Les graines, c'est pour le faire pousser !!!

En Afrique, deux chirurgiens vétérinaires viennent de finir d'opérer un éléphant.

- Très bien, il est recousu !

Tu n'as pas oublié d'instrument dans son ventre, au moins ?

- Non, bien sûr ! Par contre… tu n'aurais pas vu l'infirmière ?

Devinette : Que faut-il absolument faire pour pouvoir éteindre une bougie ?

(Réponse : Pour absolument pouvoir éteindre une bougie, il faut d'abord… l'allumer !)

- Qu'est-ce que tu fais, Sarah ?
- Je fais un puzzle, mais il est trop compliqué, je crois que je vais abandonner.
- Mais c'est normal que tu n'y arrives pas, ce n'est pas un puzzle que tu as pris, c'est la boîte de céréales !

- Lucas, même si mamie cuisine très mal, ce n'est pas une raison pour casser son carrelage en laissant tomber une pierre dessus !
- Ce n'est pas une pierre, papa, c'est une part de son gâteau...

Éric, pourquoi est-ce que ton frère pleure comme ça ?
- Bof, je crois que c'est parce qu'il me voit manger un gâteau.
Faut pas faire attention, de toute façon, c'est un grincheux, il pleurait déjà quand j'ai mangé le sien !

Devinette : Qu'est-ce qui est jaune et qui va supervite ?

(Une banane de course)

- Rémi, je t'ai déjà dit que, quand tu tousses, tu dois mettre la main devant la bouche !
- Oui, je sais, mais j'ai essayé plusieurs fois et ça ne m'a jamais empêché de tousser !

Une voyante prédit l'avenir à sa jeune cliente :
- Vous épouserez un homme beau, riche, jeune et intelligent !
- Ah ? Et mon fiancé, qu'est-ce qu'il va devenir ?

Deux amis discutent :
- J'ai aperçu ta fiancée l'autre jour, mais elle ne m'a pas vu !
- Je sais, elle me l'a dit.

Que dit un lutin quand il rencontre un autre lutin ?

(Réponse : « Oh ! Comme le monde est petit ! »)

Devinette : Un train électrique roule d'est en ouest.
Question : Vers où va la fumée ?
(Réponse : Nulle part, il n'y a pas de fumée : c'est un train électrique !)

Devinette : Que dit un 9
qui rencontre un 6 ?

(Réponse : Tu es tombé sur la tête ?)

Manon regarde un chien
muselé dans la rue :
- Mamie, pourquoi on
l'empêche de parler ?

- Maman, tu ne veux pas me
laver la figure ?
- Tu ne peux pas te la laver
tout seul ?
- Si, mais je vais me mouiller
les mains et elles n'ont pas
besoin d'être lavées, elles !

Un gamin dit à un marchand de fruits et légumes :
- Je voudrais une douzaine de bananes.
- Tu les aimes tant que cela ?
- Non, pas tellement, avoue l'enfant, mais j'ai reçu en cadeau une panoplie du petit infirmier et, en jetant une douzaine de peaux de banane sur le trottoir, j'ai une chance de pouvoir jouer avec...

Énigme : Un clown qui pèse 88 kilos veut traverser un pont. Le clown veut emmener avec lui 3 balles de 1 kilo chacune. Le problème, c'est que le pont ne peut pas porter plus de 90 kilos. Comment peut faire le clown pour traverser, avec ses trois balles, en un seul voyage ?

(Réponse : Il jongle, en s'arrangeant pour avoir toujours une balle en l'air.)

La maman de Manon lui explique comment faire la différence entre la droite et la gauche :
- C'est très simple : tu es droitière et, donc, la droite c'est du côté de la main qui écrit.
- Ah oui, alors hier, quand je suis tombée dans la cour, je me suis égratigné le genou qui n'écrit pas !

- Je peux aller à l'anniversaire de Maxime, maman ?
- Oui, mais fais bien attention, reste bien poli, ne te goinfre pas, ne cours pas partout dans la maison et ne te bagarre pas avec Adrien et Bruno comme la dernière fois, d'accord ?
- Mais... si je ne fais pas tout ça, comment veux-tu que je m'amuse ?

Deux enfants se trouvent de chaque côté d'une rivière.
L'un crie à l'autre :
- Hé, comment on fait pour se rendre de l'autre côté ?
- Hein, mais tu es bête ou quoi, t'es déjà de l'autre côté !

Big Joe, un célèbre bandit du Far West, entre dans le saloon.
- À boire ! hurle-t-il.
Et quand Big Joe boit, tout le monde boit !
Le barman, terrifié, sert à boire à tout le monde dans le saloon. Les clients sont ravis d'avoir une boisson gratuite, même si Big Joe leur donne la frousse.
Big Joe finit son verre, sort un dollar et le lance au barman avant de hurler :
- Quand Big Joe paye, tout le monde paye !

Nicolas et ses parents viennent d'arriver dans un hôtel pour les vacances. La patronne de l'hôtel leur explique les horaires de repas.

- Le petit déjeuner est servi de 7 heures à 11 heures, le déjeuner de midi à 2 heures et le dîner de 19 heures à 22 heures...

- Ah, c'est embêtant, ça ! s'écrie le petit garçon.

- Pourquoi ?

- Parce que ça ne laissera pas beaucoup de temps pour aller à la plage.

Les enfants, vous allez m'aider à faire la vaisselle, aujourd'hui.

- Oui, maman !

- Bon, Mélanie, tu laves la vaisselle ; Tony, tu l'essuies, et Chloé, tu la ranges dans les placards.

- D'accord, maman ! Et toi, tu fais quoi ?

- Moi... je ramasse les morceaux !

C'est le soir, dans la caverne des hommes préhistoriques.
- Allez, dit la maman préhistorique à son petit garçon préhistorique, il est l'heure de se coucher.

- Mais maman, je n'ai pas sommeil !

- Eh bien, tu n'auras qu'à compter les dinosaures pour t'endormir !

Devinette : Je passe ma vie à effacer les erreurs des autres. Qui suis-je ?

(Une gomme)

Papa trouve ses fils bien calmes, tout à coup.

- Que faites-vous, les enfants ?

- On a trouvé une pièce de 1 euro, et celui de nous deux qui dira le plus gros mensonge aura le droit de garder la pièce pour lui !

- Oh, ce n'est pas très bien, ça ! Quand j'étais petit, moi, je ne disais JAMAIS de mensonges !

Les deux enfants se regardent en haussant les sourcils.

- Bon, très bien, papa, c'est toi qui gagnes la pièce !

Mamie, est-ce que tu as de bonnes dents ?

- Malheureusement non, mon petit...

- Très bien ! Tu peux surveiller mes caramels ?

Victor, qui vient de prendre son bain, va voir son père.

- Il faudrait que tu arrêtes de faire des shampooings à l'œuf, papa, parce qu'on voit la coquille sur ta tête !

Deux ballons rebondissent dans le désert.

Tout à coup, l'un des deux s'écrie :

- Attention, un cactusssssssssss... !

- Maman, la nouvelle confiture n'est pas très bonne.
- Quoi ? Qui te l'a dit ?
- Mon p'tit doigt...

Dans un grand magasin, une femme s'énerve après une vendeuse.

- C'est incroyable, ça ! Ça fait une heure que j'essaye vos chapeaux et pas un ne me va !

- Oh, c'est normal, madame, vous êtes au rayon des casseroles et des poêles...

Un garde-pêche se fâche :

- Hé ! Vous n'avez pas le droit de vous baigner ici !

- Mais je ne me baigne pas, je me noie !

- Ah bon ? Alors c'est différent, excusez-moi.
Bonne journée, monsieur !

Maman gronde Romain.
- Non, Romain, tu ne prendras pas ce marteau. Tu pourrais te faire mal !
- Ne t'inquiète pas, c'est Julie qui tiendra les clous !

Le voisin du dessous frappe à la porte. Dès qu'elle s'ouvre, il hurle :
- Vous ne m'avez pas entendu taper avec mon balai au plafond !?
- Oh, ne vous en faites pas, ici aussi, on fait beaucoup de bruit !

BOUM !

- AÏE !

- Maman ? Ça va ?
Qu'est-ce qui s'est passé ?

- Ce n'est rien, j'ai glissé dans la cuisine et je suis tombée.

- Ouf ! Heureusement que tu n'es pas une assiette, sinon tu te serais cassée !

- Cédric, arrête de lécher ce couteau, tu pourrais te blesser la langue et tu ne pourrais plus parler pendant quelques jours !

- Ah ça, c'est ma maîtresse qui serait contente !

Dans un parc, deux jardiniers travaillent. L'un creuse un trou et l'autre attend une minute et le rebouche. Un passant intrigué leur demande :

- Excusez-moi, ça fait un moment que je vous observe et je ne comprends pas pourquoi vous creusez un trou pour le reboucher tout de suite après ?

- Oh, c'est simple ! répond l'un des jardiniers. D'habitude, on est trois, mais celui qui plante les arbres est absent aujourd'hui...

- Tu as bien compris, Baptiste ? En arrivant chez Tata, tu es bien poli et tu ne réclames pas de gâteaux avant même de dire bonjour, d'accord ?
- D'accord.
Baptiste et sa maman arrivent chez la Tata. À peine arrivé, Baptiste dit :
- Tu vois, Tata, il est cinq heures de l'après-midi, je meurs de faim, mais je fais bien ce que maman m'a dit et je ne te réclame surtout pas de bons gâteaux !

Une jeune femme, déjà maman d'un petit garçon de cinq ans, est de nouveau enceinte.
L'enfant lui demande :
- Qu'est-ce que tu as dans ton ventre ?
- J'attends ton petit frère, et il pousse dans mon ventre.
Quelques jours après, sa maman reçoit la visite d'une amie, qui est également enceinte. Le petit garçon la regarde et lui demande :
- Alors, toi aussi, tu attends mon petit frère ?

- Papa… Je voudrais que tu m'achètes un vrai pistolet pour mon anniversaire.
- Non mais, t'es pas un peu fou ? C'est très dangereux !
- Si, je veux un vrai pistolet !
- Écoute, ça suffit, hein ! Arrête ou je vais me fâcher !!

Alors, l'enfant fait une comédie, hurlant qu'il veut son pistolet. Le papa se fâche encore plus.
- Arrête ça tout de suite ou tu auras une fessée ! Non mais, qui c'est qui commande ici ?
- C'est toi, pleurniche le gamin… Mais si j'avais un vrai pistolet…

C'est incroyable : mon fils qui n'a que 3 ans sait dire son prénom aussi bien à l'endroit qu'à l'envers, dit une maman à une dame.
- Mais comment s'appelle votre fils ? demande alors la dame.
- Il s'appelle Bob !

Une maman dit à son fils :
- Si tu manges encore du gâteau, tu vas exploser !
- T'inquiète pas, maman, donne-moi une part et écarte-toi de quelques mètres...

Une dame raconte à sa fillette de trois ans l'histoire du Petit Chaperon rouge. La gamine s'étonne :
- C'est tout ?
- Bien sûr, dit la maman. L'histoire se termine quand le loup a mangé la grand-mère et le Petit Chaperon rouge. Qu'est-ce que tu aurais voulu savoir de plus ?
- Le plus intéressant. Et la galette ? Qui est-ce qui l'a mangée, la galette ?

Angelo, très pressé d'aller aux W.-C., essaye d'ouvrir la porte qui est fermée parce que son papa est dedans.
Son papa lui dit :
- C'est occupé !
Angelo répond :
- Non, papa, c'est pas occupé, c'est Angelo !

CONSEIL PRATIQUE : Quand vos parents vous disent que vous êtes trop petit pour vous coucher tard ou que vous ne pouvez pas regarder un film parce que vous êtes un enfant, rappelez-vous bien ceci : les adultes, c'est juste des enfants qui ont grandi !

Lors d'une bagarre, une maman dit à ses enfants :
- Bon, les garçons, ça suffit maintenant, sinon je vais en prendre un pour taper sur l'autre !
Et le petit Thomas ajoute :
- Tu me choisis, maman, et je vais taper sur Quentin !

Alors, tes vacances dans le désert, c'était comment ?
- Très bien, sauf que j'ai eu un petit accident de voiture : je suis rentré dans un chameau !
- Oh ! Et ce n'était pas trop grave ?
- Non, ça allait ; ma voiture était un peu abîmée, moi, je n'ai rien eu, et le chameau s'en est tiré avec deux bosses !

Un type va voir le psychiatre :
- Docteur, j'ai un problème.
Ma femme se prend pour moi.
Le médecin lui répond :
- Bon, alors, envoyez-la-moi.
Le type répond :
- Mais, docteur, je suis là !

- Sarah, tu vas avoir un petit frère !
- Oh non !
- Comment ça, « Oh non » ? Tu ne veux pas de petit frère ?
- Si, je veux bien, mais seulement un frère fille !

Devinette : Tant que je vis, je dévore tout sur mon passage. Dès que je bois, je meurs. Qui suis-je ?

(Réponse : Le feu !)

Devinette : Savez-vous pourquoi les pompiers portent des bretelles rouges ?

(Réponse : Bah... pour tenir leur pantalon !)

Cédric, si tu me dis encore une fois « pourquoi », je me fâche.
- Pourquoi, maman ?

À la ferme, deux petits garçons voient une portée de porcelets téter le lait d'une truie.

- Elle est drôlement grosse, la truie !

- Normal, lui répond son copain. Tu vois les huit petits cochons qui la gonflent ?

Une petite fille demande à sa maman :

- Dis, maman, quand j'étais dans ton ventre, comment as-tu su que je m'appelais Linda ?

Deux amis se rencontrent sur le parking du toilettage pour chiens :

- J'emmène mon chien au toilettage parce que mon imbécile de voisin est allergique à ses poils.
- Ah bon, tu ne vas quand même pas le raser totalement ?
- Non, tu rigoles... Je viens pour qu'on lui mette un produit qui rendra ses poils encore plus longs !

Une maman demande à la maîtresse d'école comment se comporte son fils en classe.
- Il est très intelligent, mais il perd beaucoup de temps à bavarder avec les filles.
- Si vous trouvez le moyen de le corriger, dites-le-moi ! J'ai le même problème avec son père !

- J'ai deux nouvelles à t'annoncer.
- Commence par la bonne.
- Non, non, c'est deux mauvaises !

- Papa, quand je suis né, qui m'a donné mon intelligence ?
- Sans doute ta mère parce que moi, j'ai encore la mienne !

- Papa, papa, j'ai été à la ferme ! Il y avait plein de cochons !
- Et alors ?
- Eh bien, ils parlaient comme toi quand tu dors !

- Baptiste, tu éteins la télé, s'il te plaît.
- Mais je la regarde, maman.
- Comment ça ? Tu es en train de lire une BD, tu ne peux pas la regarder en même temps !
- Mais si, je la regarde avec mes oreilles.

- Louis, tu veux bien donner ton camion à ton petit frère ?
- Je veux bien.
- C'est très gentil de ta part.
- Oui, mais il faudra m'en acheter un neuf !

Devinette : J'ai trois nez, deux bouches, quatre yeux et cinq oreilles. Qui suis-je ?

(Réponse : Je suis... horrible !)

Devinette : Qu'est-ce qui sépare
le sourire des larmes ?

(Réponse : Le nez !)

Un invité murmure à sa voisine :
- Le champagne vous rend jolie.
- Mais je n'en ai pas bu une seule coupe.
- Oui, mais moi j'en suis à
ma dixième.

Devinette : Combien de terre y
a-t-il dans un trou de 1m de long,
1m de large et 1m de haut ?
(Réponse : Ne vous cassez pas
la tête : dans un trou, il n'y a pas
de terre !)

- Papa, aujourd'hui, j'ai gagné 3 euros.
- Comment as-tu fait ?
- M. Dubois m'a donné 1 euro pour que je lave sa voiture. Et quand il a vu le résultat, il m'a donné 2 euros pour que je ne la lave plus jamais !

Lucas voit Tony à quatre pattes dans la cour de l'école.
- Qu'est-ce que tu cherches, Tony ?
- Je cherche un billet de 20 euros.
- Quoi ? C'est une grosse somme ! Je vais t'aider à chercher.

Mais les minutes passent et les deux copains ne trouvent rien. Lucas demande :
- Tu es sûr que tu as perdu ton billet ici ?
- Je n'ai pas dit que j'avais perdu un billet, mais juste que j'en cherchais un !

Une petite fille prend la parole en classe pour raconter à sa maîtresse son aventure du matin :
- Maîtresse, ce matin en venant à l'école, j'ai trouvé une feuille morte... Alors, je l'ai enterrée !

Devinette : Un homme mange un œuf chaque jour pour son petit déjeuner. Il n'a aucune poule chez lui. Il n'achète jamais d'œufs. Il n'emprunte jamais d'œufs. Il ne vole jamais d'œufs. Il n'en reçoit pas en cadeau. Comment fait-il pour manger un œuf par jour ?

(Réponse : Chaque jour, notre homme mange un œuf de cane...)

Anaïs est à table :

- Maman, passe-moi le pain.

Papa se fâche :

- S'IL TE PLAÎT, MAMAN, passe-moi le pain !

- Oh non, papa, c'est moi qui l'ai demandé en premier !

Devinette : Quand peut-on être sûr qu'une princesse n'a vraiment pas de chance ?

(Réponse : Quand, au bout de plusieurs années à attendre en haut de la plus haute tour d'un sombre donjon, un prince charmant la trouve enfin, l'embrasse...
et qu'il se tranforme en crapaud !)

Une femme passe son permis de conduire pour la dixième fois, et malgré ça, continue à enchaîner erreur sur erreur. Une fois la voiture arrêtée, l'examinateur lui explique sa décision.

- Je suis désolé, mademoiselle, mais je suis obligé de vous refuser le permis de conduire. Vous êtes beaucoup trop dangereuse, vous grillez les feux rouges, vous manquez de renverser les passants, vous prenez l'autoroute dans le mauvais sens et vous vous garez au milieu de la route !

La demoiselle se fâche :

- C'est injuste ! Injuste ! Je n'ai blessé personne, cette fois !

Un enfant observe attentivement sa petite sœur qui vient juste de naître.

- Dis, papa, ça marche avec combien de piles, ce truc-là ?

Dans une grande entreprise, le directeur demande à un jeune employé :
- Comment vous appelez-vous, mon garçon ?
- Thomas. Et vous ? Le directeur est furieux.
- Mon petit bonhomme, s'écrie-t-il, je ne sais pas d'où vous arrivez, mais dans mon entreprise, on n'appelle pas les gens par leur prénom, mais par leur nom ! Si vous vous appelez Thomas Tartempion, je vous appellerai « Tartempion », pas Thomas ! Alors, c'est quoi, votre NOM DE FAMILLE ?
- Mon nom est « Monchéri ».
- Très bien, THOMAS, au travail.

Un citadin, en visite à la campagne, tombe dans une mare cachée derrière des roseaux.
- Oh ! je suis vraiment désolé, s'excuse le paysan. J'ai oublié de vous signaler qu'il y avait cette mare derrière chez moi.
- Ce n'est rien, répond le citadin tout trempé. Vous voyez, je l'ai trouvée tout seul.

Dans un bel igloo tout rond, un esquimau raconte l'histoire du Petit Poucet à son fils.

- Alors, l'ogre, qui avait chaussé les bottes de sept lieues, se mit à courir, et le Petit Poucet, effrayé, se réfugia dans le coin le plus sombre de la maison.

- Papa, dit le petit garçon en regardant avec attention l'intérieur de l'igloo. Je voudrais savoir...

- Ce qu'est un ogre ?

- Non, ce qu'est un coin.

Les carottes sont-elles bonnes pour la vue ?

(Réponse : oui. Vous avez déjà vu un lapin avec des lunettes ?)

Les enfants français, couchés dans leurs lits, comptent les moutons pour s'endormir.
Mais, en Inde, que comptent les enfants fakirs, couchés sur leurs planches à clous ?

(Réponse : un hérisson... deux hérissons... trois hérissons...)

Une future maman dit à sa petite fille de quatre ans :
- Touche mon ventre. Tu sens les petits coups ?
C'est ton petit frère qui donne des coups de pied.
- Pourquoi ? s'étonne la petite fille.
- Je ne sais pas, peut-être qu'il s'ennuie là-dedans. Alors, pour jouer, il donne des coups.
- Bah, c'est simple alors : tu n'as qu'à avaler une balle pour qu'il s'amuse avec !

RETARD : le soleil de minuit arrivera à une heure du matin seulement. Sa montre s'est arrêtée.

CARNET ROSE : esquimau géant voudrait rencontrer abominable femme des neiges pour briser la glace.

Un martien entre dans une boulangerie sur sa planète.
- Bonjour, monsieur, je voudrais un ouihishnu au chocolat s'il vous plaît.
Le boulanger le regarde d'un drôle d'air.
- Un ouihishnu à quoi ?

DANSE :
hibou cherche boîte de nuit.

Deux œufs sont dans une poêle.
L'un dit : « Pfou ! Il fait chaud ici ! » L'autre saute en l'air, en hurlant :
« Au secours ! Un œuf qui parle ! »

VIE COMMUNE : enfant indiscipliné cherche parents compréhensifs.

La maman de deux bébés jumeaux dit à son mari :
- La baby-sitter ne pouvait pas venir ce soir pour que nous allions au bal costumé. Alors, j'ai commandé deux costumes de kangourous, et nous mettrons chacun un bébé dans une poche.

Au supermarché, avant de passer à la caisse, Thomas et son père font la queue. Ils se trouvent derrière une très grosse dame.
- T'as vu la dame, dit Thomas. On dirait un camion !
- Veux-tu te taire ! rougit le père. Ce n'est pas gentil de dire ça !
À ce moment, le téléphone portable de la dame se met à sonner.
- Tu vois que j'avais raison ! s'exclame le petit garçon. Elle klaxonne !

- Jean-Jacques ! s'écrie maman. Tu as encore marché dans la crotte de chien ! Il y en a plein la moquette ! La prochaine fois, tu auras une fessée, ça t'apprendra à faire attention. Va jouer dehors pendant que je nettoie !

Jean-Jacques sort et revient deux minutes plus tard avec une crotte de chien dans la main.

- Maman ! Regarde dans quoi j'ai failli marcher !

Il a plu toute la nuit, la terre est trempée. Lenny joue avec ses copains dans les flaques de boue du jardin, au grand désespoir de sa maman.

- Lenny, viens immédiatement prendre une douche !
- J'arrive, maman ! crie l'enfant.

Puis il se tourne vers ses copains :

- Bon, je vais prendre ma douche et puis je reviens tout de suite jouer dans la gadoue avec vous.

Une maman vient d'apprendre à son fils à éplucher une banane. Tout fier, il regarde la peau de banane dans sa main.
- Qu'est-ce que j'en fais, maintenant, du manteau de la banane ?

Une petite fille s'étonne du gros ventre de sa maman.
- Maman, pourquoi tu as un gros ventre ?
- Parce que j'attends un bébé, ma chérie.
- Et il est où, ce bébé ?
- Ici, tout près de mon cœur, répond la maman.
- Ah oui ! Et dans le ventre, il y a la poussette ?

Un automobiliste distrait grille un feu rouge.
Un agent le siffle.
- Eh bien, mon gaillard,
vous n'avez pas vu le feu ?
- Qu'est-ce que vous
voulez que j'y fasse ?
Appelez les pompiers !

Le père de Julie se fâche :
- Julie ! Ne traite pas ton frère d'idiot !
Allez, dis-lui tout de suite que tu regrettes,
et plus vite que ça !
- Rémi, dit Julie en baissant la tête,
je regrette que tu sois un idiot.

Un petit garçon interroge sa maman.
- Maman, dis-moi ! Ça te fait plaisir, chaque jour, de me donner deux bains, de me laver les oreilles, le nez, de me couper les ongles ou les cheveux, de m'habiller avec de beaux vêtements ou de beaux pyjamas ?
- Bien sûr ! répond la mère en souriant.
- Et qu'est-ce que tu faisais, quand je n'étais pas né, pour t'amuser ?

Nicolas est au musée avec ses parents, et il s'ennuie fermement.
Alors que son père contemple depuis dix minutes le même tableau, il demande :
- Papa ! Elle est où, la télécommande, que je change de chaîne ?

- Pardon, monsieur ! demande un garnement à un passant. Pourriez-vous me donner l'heure, je vous prie ?
- Bien sûr, mon petit. Il est 16h10.
- Merci, monsieur. À 16h30, vous pourrez embrasser mon derrière !

Et le gamin détale en courant. Le monsieur, outré, se met à poursuivre le gosse, mais, au bout de quelques mètres, il se heurte à un policier.
- Holà ! s'indigne le policier. Où allez-vous d'un pas si pressé ?
- Je poursuis ce garnement, qui m'a dit qu'à 16h30 je pourrais embrasser son derrière !

Le policier regarde sa montre.
- Pas besoin de courir ! Il vous reste quinze minutes !

INFO : le marchand de chapeaux a perdu la tête.

RENCONTRE : soleil de minuit rencontrerait lune matinale.

Un pou en rencontre un autre.
- Tu es malade ?
- Non, j'ai juste reçu un coup de peigne ce matin.

Un directeur de cirque passe des auditions pour trouver de nouveaux spectacles.

- Alors, dit-il à un artiste, que savez-vous faire ?

- J'imite les oiseaux, répond timidement l'artiste.

- Aucun intérêt, tranche le directeur du cirque. Au suivant !

- Je regrette ! Au revoir, salue l'artiste.

Et il s'envole par la fenêtre.

C'est l'anniversaire des douze ans de Jean.

- Tu vois, explique sa grand-mère, ce soir, tu auras un énorme gâteau avec douze bougies.

- C'est chouette, mamie. Mais je préférerais douze énormes gâteaux avec une seule bougie.

Une maman dit à sa fille :
- Si j'avais du gruyère, je te ferais une omelette au gruyère, mais, de toute façon, je n'ai pas d'œufs.

Trois prisonniers tentent de s'échapper d'une prison. Ils coupent les barbelés sur le mur et entreprennent de l'escalader.
Mais le bruit attire un garde.
- Qui va là ? hurle le surveillant, en pointant un fusil vers le mur.
- Miaou ! fait le premier prisonnier.
- Saleté de chat ! dit le garde.
Le second prisonnier essaye à son tour de passer par-dessus le mur.
- Qui va là ? hurle à nouveau le garde.
- Miaou, miaou !
- Encore ce sale chat ! peste le surveillant.
Le troisième prisonnier monte à son tour.
- Qui va là ?
Et le prisonnier de répondre :
- Ne vous inquiétez pas, c'est encore cette saleté de chat !

Un gangster rentre chez lui après avoir accompli trois attaques à main armée.
- Tu vas être fier, lui annonce son épouse. Notre petit garçon vient de prononcer ses premiers mots !

- Lesquels ? « Papa ? Maman ?»

- Non. « Haut les mains » !

- Maman, il y a Mélanie qui m'a tiré les cheveux.
- Allons, Pierre, elle n'a que trois ans ! Elle n'a pas voulu te blesser. Elle ne sait pas que ça fait mal.
Pierre quitte la pièce et, une minute plus tard, on entend Mélanie hurler.
Pierre revient voir sa mère.
- Maintenant, elle sait.

INFO : Mlle Antenne a eu un coup de foudre pour M. Paratonnerre.

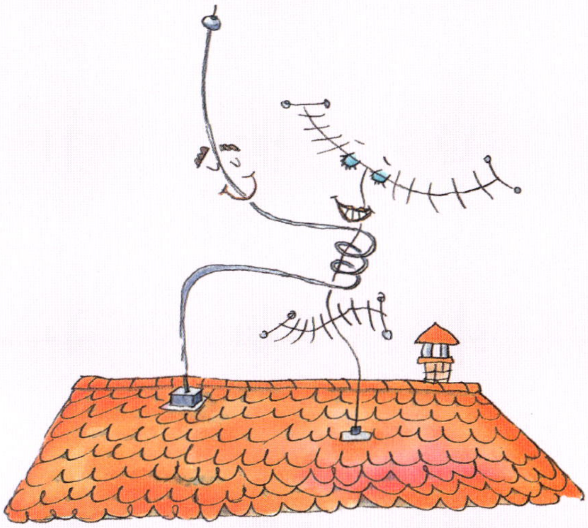

AMI : poisson d'avril cherche dos accueillant.

Comment appelle-t-on une pomme de terre poilue qui se promène dans les bois un soir de pleine lune ?

(Réponse : une patate-garou.)

Un marin raconte sa chasse au trésor.
- J'avais en ma possession l'authentique carte du trésor du capitaine Cook. C'était une très belle carte, et le trésor y était indiqué d'une croix noire. J'ai pris mon bateau, mes pelles et

mes pioches, et je me suis rendu sur l'île, à 6000 km d'ici. Et là-bas, j'ai trouvé...
- Le trésor ? demande un auditeur passionné par le récit.
- Non, répond le marin. J'ai trouvé la croix noire.

Maman interroge son fils.
- Théo, peux-tu m'expliquer pourquoi il ne reste plus qu'un paquet de gâteaux dans le buffet, alors qu'hier il y en avait deux ?
- Il en reste un parce que je ne l'avais pas vu, sinon je l'aurais mangé aussi.

Aymeric doit garder sa petite sœur de cinq ans pendant que ses parents vont faire des courses.

Il décide de l'emmener pêcher dans le ruisseau qui coule devant chez lui.

Quand ses parents rentrent, la maman demande à Aymeric si tout s'est bien passé.

- Ouais, répond l'enfant, mais je n'emmènerai plus Nina à la pêche !

- Tu sais, explique la maman, il faut être patient avec ta sœur, elle est petite. Elle a effrayé les poissons en faisant du bruit ?

- Non, elle n'a fait aucun bruit. Elle était trop occupée à manger les asticots qui devaient me servir d'appâts !

Un voyou entre en trombe dans un commissariat.

- Mettez-moi en prison, vite, vite !

- Pour quelle raison ?

- J'ai tiré sur un gros musclé avec un revolver et je l'ai manqué ! Vite !

Deux amis se rencontrent.
- Je suis inquiet, dit l'un. Mes yeux me font mal et je vois des points noirs.
- Il faut que tu te soignes, dit l'autre. Quand est-ce que tu vois l'ophtalmologue ?
- Jamais. Je vois juste des points noirs.

Un cirque vient de s'installer sur la place du village. Sitôt sortis de l'école, les enfants se précipitent vers la ménagerie, où sont gardés tous les animaux.
- Hé ! Oh ! s'écrie le gardien, ne vous approchez pas trop de la cage de ce lion, les enfants !
Un gamin hausse les épaules.
- Ne vous inquiétez pas, on ne va pas le manger, votre lion !

La maîtresse interroge Bastien :
- Bastien, que veux-tu faire comme métier quand tu seras grand ?
- Agent de police, maîtresse, comme ça je pourrai jouer au milieu de la rue sans me faire disputer par maman !

Dans un café, un client s'indigne.
- Garçon ! Il n'y a donc pas moyen d'être servi, ici ? Cela fait quinze fois que je commande une bière, et vous ne m'avez toujours rien apporté !
- Je suis désolé, monsieur, je m'en occupe tout de suite.
Le serveur se tourne vers le bar et crie :
- Patron, quinze bières pour ce monsieur ! Quinze !

Une dame s'étonne en voyant son mari se mettre au lit avec ses lunettes sur le nez.

- Eh bien ? Tu n'enlèves plus tes lunettes pour dormir ?

- Ah, non ! répond le mari. La nuit dernière, je les avais enlevées, et j'ai rêvé que j'allais au cinéma. Et évidemment, sans mes lunettes, je n'ai pas pu voir le film !

Le chef d'une tribu de cannibales montre à des touristes son nouveau réfrigérateur.

- Vous voyez, on n'est plus des barbares ! On a l'électricité, l'eau courante, et le magasin d'électroménager vient de nous faire livrer ce magnifique frigo !

Un touriste fronce les sourcils.

- Et vous y avez mis quoi, dans ce frigo ?

Le chef cannibale éclate de rire.

- Nous y avons mis les livreurs du magasin d'électroménager !

Quelle est la différence entre un écureuil et un piano ?
- Il n'y en a pas. Ils montent tous les deux aux arbres, sauf le piano.

Un couple vient d'emménager dans un immeuble neuf mais mal conçu.
- Écoutez, dit la dame au propriétaire, nous allons déménager. Voilà une semaine que nous sommes dans cet appartement, et les murs sont tellement minces que quand j'épluche des oignons, le voisin se met à pleurer !

PRISON : Mme Moustache vient d'être arrêtée par la police. Elle avait chargé un tueur à gages d'assassiner M. Rasoir.

NOCES : archéologue cherche à épouser femme très âgée.

CONSEIL : Mme Allumette interdit formellement à ses enfants de se gratter la tête.

Un homme rentre chez lui. La porte à peine passée, son chien, un énorme berger allemand, se jette sur lui, l'attrape par le col et le traîne jusque dans la penderie, avant de le lâcher.
L'homme se relève péniblement.
- Rex ! dit-il d'un ton las. Combien de fois faudra-t-il que je t'explique que tu dois m'apporter mes chaussons quand je rentre, pas m'emporter jusqu'à mes chaussons !

L'homme invisible se dispute depuis trois jours avec sa femme, quand celle-ci, excédée, s'écrie :
- Hors d'ici ! Je ne veux plus te voir !

Un Indien vient de capturer un cow-boy et s'apprête à le scalper.
- Arrêtez de gigoter, dit-il à sa victime, et voyez le bon côté des choses : vous n'aurez plus jamais de poux !

Un gars est en train de creuser un trou de belle taille dans son jardin. Son voisin, intrigué, lui demande :
- C'est pour quoi, ce trou ?
L'autre répond :
- C'est pour enterrer mon pauvre petit canari qui est mort ce matin.
- Mon Dieu ! Je suis vraiment navré pour vous. Mais... n'est-ce pas un bien grand trou pour un si petit oiseau ?
- C'est parce que mon « si petit oiseau » est dans le ventre de votre « si gros chat » !

Pourquoi le bébé muguet pleurait-il ce matin ?

(Réponse : parce qu'il s'est fait sonner les clochettes par son papa.)

Pourquoi les fées chinoises sont-elles les meilleures fées ?

(Réponse : parce qu'elles ont deux baguettes.)

AMI : saule pleureur cherche oignon sympa.

Un policier interpelle deux bonbons :
- Hé ! Vous ! Vos papiers !

Qu'est-ce qui est jaune et qui traverse les murs ?
(Réponse : une banane magique.)

Que dit un dentiste à un policier qui refuse de se laisser soigner les dents ?

(Réponse : « Au nom de la loi ! Ouvrez cette bouche ! »)

PRÉCISION : le docteur Soleil reçoit sur rendez-vous uniquement la journée.
Pour les rendez-vous de nuit, voir avec le docteur Lune.

Deux enfants s'ennuient dans un square.
- J'ai une idée ! Ramassons deux escargots et faisons une course !
- Ne sois pas stupide.
Tu sais très bien que c'est nous qui gagnerions !

DÉSESPOIR : pot de chambre traumatisé cherche bébé portant des couches.

PARENTS : M. et Mme ROBOT cherchent tôles, boulons, écrous, vis et circuits pour faire un enfant.

Jack le cow-boy, très en colère, entre dans un saloon en faisant claquer les portes à battants :
- Qui a peint mon cheval en vert ?
Joe la Montagne se lève d'une table, il fait deux mètres de haut, cent trente kilos, et possède des biceps gros comme des cuisses :
- C'est moi ! 'Y a un problème ?
- Euh... non, répond Jack, c'est juste pour savoir quand je peux mettre la deuxième couche...

SUPERSTITION : M. Trèfle cherche quatre feuilles pour avoir de la chance.

Un monsieur entre chez le coiffeur avec un petit garçon.
Il se fait couper les cheveux et dit au coiffeur :
- Coupez les cheveux de mon fils, je vais chercher des sous et je reviens.
Le coiffeur coupe les cheveux du gamin, mais au bout de trente minutes, le monsieur n'est toujours pas revenu.

- Eh bien ! dit-il à l'enfant, il en met un temps pour aller chercher des sous, ton père.
- Ce n'est pas mon père, dit l'enfant. C'est un monsieur qui m'a abordé dans la rue en me disant :
« Viens, petit, on va aller se faire couper les cheveux gratuitement » !

Un petit garçon regarde en souriant l'orage qui gronde au-dehors, la pluie qui bat les vitres et les éclairs rageurs qui déchirent le ciel.
- Pourquoi souris-tu comme ça ?
lui demande sa maman, intriguée.
- Parce que Dieu me prend en photo !

Qu'a dit Tarzan en voyant arriver les éléphants ?
(Réponse : « Tiens, voilà les éléphants. »)
Qu'a dit Tarzan en voyant arriver les éléphants qui portaient des lunettes noires ?
(Réponse : « Qui c'est, ceux-là ? »)
Qu'a dit Tarzan quand les éléphants ont retiré leurs lunettes noires ?
(Réponse : « Ah, c'est vous ? Je ne vous avais pas reconnus. »)

Un homme dit à son meilleur ami :

- Je sais ce qu'on va faire : on va ouvrir un bar au milieu du désert du Sahara !

- Mais on n'aura presque pas de clients ! C'est le désert !

- Ouais, répond l'autre, mais alors ceux qui viendront, qu'est-ce qu'ils auront soif !

ARTS MARTIAUX : professeur de kung-fu cherche volontaire pour tester l'efficacité du « cri qui tue ». Sourds s'abstenir.

Un homme apprend à conduire à son fils.

- Mon garçon, c'est très simple : si tu respectes les trois règles, tu conduiras comme un as. Règle n°1 : quand le feu est rouge, tu t'arrêtes. Compris ?

- Oui, papa.

- Très bien.

Règle n°2 : quand le feu est vert, tu passes. Compris ?

- Oui, papa.

- Parfait. Règle n°3 : quand je deviens tout blanc, tu freines comme un fou, tu descends de la voiture et tu me laisses conduire. Compris ?

Un homme très poilu, avec des cheveux en bataille qui lui tombent jusqu'aux fesses, et une barbe qui lui arrive aux genoux, pénètre dans un salon de coiffure.

- Pour moi, dit-il au coiffeur, ce sera comme d'habitude.

Le coiffeur s'étonne.

- Comme d'habitude ? Et c'est comment, d'habitude ?

- Vous me rasez la tête et la barbe, comme la dernière fois, il y a cinq ans.

Un portier à l'air très fatigué ouvre la porte d'un grand hôtel à une dame très chic.

- Cela doit être épuisant d'ouvrir et de fermer cette porte tout le temps, lui dit-elle.

- Oui, madame.
- Cela fait mal au bras ?
- Non, madame.
- Vous aimez mieux ouvrir la porte ou la fermer ?
- Je n'ai pas de préférence, madame.
- Alors c'est la chaleur qui vous fatigue ?
- Non, madame.
- Quoi alors ?
- Les questions qu'on me pose, madame.

La maman de Yohan va voir son mari.

- Il va falloir appeler le médecin. Yohan dit qu'il a mal à la tête et au ventre.
- Laisse tomber ! répond le père. Il nous fait le coup au moins une fois par semaine pour ne pas aller à l'école.
- C'est vrai, mais c'est la première fois qu'il le fait le premier jour des vacances, alors qu'il n'y a pas école !

Un touriste va passer une nuit dans un château écossais. Méfiant, il demande tout de même au propriétaire :

- Dites-moi, il n'y a pas de fantômes, au moins, dans votre château ?

Le propriétaire éclate de rire.

- Des fantômes ? Dans mon château ? Vous plaisantez ! Je n'ai rien entendu de plus stupide depuis quatre cents ans que j'habite ici !

Un petit garçon se précipite vers un policier.

- Vite, monsieur l'agent, un voyou se bat avec mon frère depuis une demi-heure !

- Une demi-heure ! Et tu ne viens me prévenir que maintenant ?

- Bah oui, jusqu'à présent, c'était mon frère qui gagnait !

Pourquoi les fleuves débordent-ils de temps en temps, alors que la mer ne déborde jamais ?

(Réponse : parce que dans la mer, il y a des éponges...)

Qu'est-ce qui est transparent et qui court dans les prés ?

(Réponse : un troupeau de vitres.)

VACANCES : poulet fermier cherche camping sur la côte pour rôtir au soleil.

ESTHÉTIQUE : femme à barbe achète rasoir de toute urgence.

AVIS : les extincteurs doivent obligatoirement être vérifiés une semaine avant chaque incendie.

PARADIS : ange voulant déménager cherche nuage confortable en location.

Sophie, six ans, demande à sa grand-mère :

- Tu as quel âge, toi, mamie ?
- Oh, tu sais, je suis très vieille, tellement vieille que je ne me souviens plus de mon âge...
- Eh bien, regarde sur ta culotte ! Moi, sur la mienne, il y a une étiquette où c'est marqué « 6 ans » !

Un acteur doit entrer dans la cage d'un lion pour les besoins d'un film, mais il refuse.

- Mais enfin ! s'emporte le metteur en scène, vous ne risquez rien !
Ce lion a été élevé au biberon !
- Moi aussi, rétorque l'acteur, j'ai été élevé au biberon. Et pourtant, aujourd'hui, je mange des steaks !

Maman demande :

- Alors, Solène, tu as vu quels animaux, au zoo ?
- Un loup et un singe.
- Oui, c'est bien...
Et quoi d'autre ?
- Un singe.
- Tu l'as déjà dit, « singe ».
- Oui, mais il y en avait deux !

- La nuit dernière, dit un monsieur à sa femme, il y avait un chat en bas de chez nous qui m'empêchait de dormir, en poussant des petits « miaou ».
- Et alors ?
- Bah ! comme j'étais très énervé, je lui ai lancé un de mes chaussons par la fenêtre pour le faire taire.
- Et tu l'as touché ?
- Je le pense, oui. Ça ne l'a pas fait taire, mais il a passé le reste de la nuit à hurler « mi-aïe-aïe-ou ».

Une maman explique à sa petite fille que si elle est sage, elle ira au paradis, et que si elle fait des bêtises, elle ira en enfer. La petite réfléchit et demande :

- Et pour aller au cirque, qu'est-ce que je dois faire ?

Au Far-West, Joe le cow-boy galope sur son cheval à travers la plaine. Il croise Œil-de-lynx l'Indien, qui lui aussi galope sur la plaine, mais son cheval est couvert de bosses et de plaies. Les deux hommes se saluent et Joe demande :

- Qu'est-il arrivé à ton cheval pour qu'il soit amoché de la sorte ?

- Ne m'en parle pas, répond l'Indien. C'est ma squaw qui apprend à conduire !

Un gars énorme, musclé comme un taureau, se présente pour une place de bûcheron, au Canada.

- Vous avez déjà travaillé comme bûcheron ? lui demande le chef du personnel.
- Ouais, répond le musclé. J'ai bossé dix ans dans le Sahara.
- Vous vous fichez de moi ! s'indigne le chef. Il n'y a pas d'arbres, dans le Sahara !
- Il n'y a PLUS d'arbres ! sourit le musclé. Nuance !

- Denis ! Ne prends pas avec les doigts dans le saladier sans demander ! Tu as une langue, nom d'une pipe !
- Oui, mais elle n'est pas assez longue !

Un gros orage gronde dehors. Maman couche Noélie, lui fait une bise et éteint la lumière.

- Bonne nuit, ma chérie. N'aie pas peur de l'orage, la maison nous protège bien.

- Je peux dormir dans ton lit ? demande Noélie, un peu effrayée.

- Non, ma grande. Maman doit dormir à côté de papa.

Il y a un long silence, puis Noélie éclate de rire.

- Pfff ! Quel gros bébé !

Dans la rue, un jeune homme bizarre demande à une dame :

- Excusez-moi, madame, auriez-vous vu un policier, dans le coin ?

- Ah ! non, jeune homme, je suis désolée.

- Pas moi, dit le garçon. Donnez-moi votre sac à main !

Une jeune femme et son mari viennent de rentrer de l'hôpital avec leur premier bébé. - Chéri, dit la jeune maman, le bébé est mouillé, il faut le changer. Tu veux que je t'apprenne ?

- Je le ferai la prochaine fois, promet le mari, je regarde le match de foot. Deux heures plus tard, le bébé est à nouveau mouillé.

- Chéri, appelle la jeune maman, je vais changer le bébé. Tu viens ?

- La prochaine fois, répond à nouveau le mari, je regarde le match de rugby à la télé. Cette fois, la jeune femme se fâche.

- Tu m'as déjà dit tout à l'heure que tu apprendrais la prochaine fois ! Tu exagères !

- Mais non, ma chérie, explique le mari, tu as mal compris : je voulais dire que j'apprendrai la prochaine fois que nous aurons un bébé !

JUILLET-AOÛT : Soleil cherche endroit sympa pour les vacances.

Qu'est-ce qui ne fait pas de bruit en se levant, mais qui réveille tout le monde ?

(Réponse : le soleil.)

Pourquoi les éléphants montent-ils dans les cerisiers ?

(Réponse : parce qu'ils adorent manger des cerises.)

Comment appelle-t-on un boomerang qui ne revient pas ?

(Réponse : un bout de bois.)

Un inventeur explique sa dernière trouvaille à son patron.

- C'est très simple : j'ai inventé un ordinateur miniature de la taille d'un cachet d'aspirine.
- Formidable ! Montrez-moi cette merveille ! Où est-il, cet ordinateur fabuleux ?
- Bah ! c'est là le problème... Je ne le retrouve plus depuis que ma femme a eu mal à la tête, avant-hier.

- Mon fils est né hier.
- Félicitations. Comment s'appelle-t-il ?
- Je ne sais pas, il ne parle pas encore.

- Patrick, dit un père à son jeune fils, cette passion que tu as pour les westerns ne doit pas t'empêcher de faire tes devoirs. Si tu n'éteins pas immédiatement cette télé, je descends de mon cheval, je pose mes revolvers, j'enlève mes éperons et mes bottes, et je te donne une fessée !

Un homme et sa femme sont devant un ascenseur.
L'homme est chargé de paquets, il ne peut pas appuyer sur le bouton.
- Chérie, est-ce que tu peux appeler l'ascenseur, s'il te plaît ?
Sa femme sourit et crie :
- HÉ OH ! ASCENSEUR, ON T'ATTEND !
Stupéfait, le mari la regarde et lui dit :
- Mais pas comme ça, imbécile ! Appelle-le avec le doigt !
Alors la femme met un doigt dans sa bouche et crie :
- HÉ OH ! ASCHENSHEUR, ON T'ACHTEND !

Un homme boit de l'alcool à un bar. Sur le comptoir, il y a une petite souris qui ingurgite toutes les gouttes que l'ivrogne renverse. À deux heures du matin, complètement ivres, le client et la souris sortent du bar en chantant à tue-tête. Ils chantent si fort qu'un type furieux ouvre sa fenêtre pour se plaindre.
- C'est pas fini ce raffut ! Je vais appeler la police !
L'ivrogne lève son poing.
- Qu'est-ce qu'y a ? T'es pas content ? Descends, si t'es un homme !
Et la petite souris ajoute :
- Ouais, descends ! Et amène ton chat, que je lui fasse sa fête !

Un homme catastrophé entre dans une pharmacie.
- Je voudrais un remède radical contre le hoquet !
- Vraiment radical ? demande le pharmacien.
- Oui, c'est ça, ra-di-cal.
Le pharmacien lui donne alors une énorme paire de claques sur la figure.
- Eh bien ! dit-il en souriant, il est passé votre hoquet, maintenant ?
L'homme, tout penaud, se frotte les joues en répondant :
- C'est-à-dire que le remède, c'était pour ma femme, qui attend dans la voiture...

Un homme à son voisin :
- Depuis que ma femme a acheté un perroquet, je ne peux plus planter un clou à la maison.
- Ah bon ? s'étonne le voisin. À cause du bruit ?
- Non. Cette sale bête répète tous les gros mots que je dis quand je me tape sur les doigts !

URGENT : prince charmant égaré cherche une bonne carte du pays des contes pour retrouver le château de la Belle au bois dormant.

Lors d'une petite opération chirurgicale, Thomas a visiblement été impressionné par les masques des chirurgiens.
Retrouvant son papa, et encore méfiant, il lui dit sur le ton du secret...
- Papa, je me suis fait opérer par des bandits...

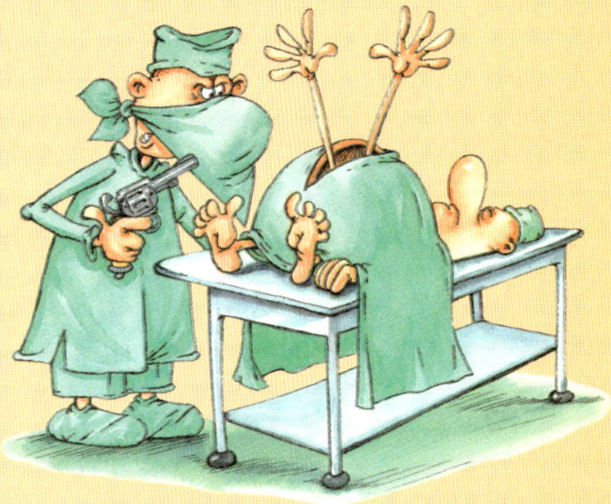

Pierre demande à sa sœur :
- Ça a des pattes, une olive noire ?
- Bien sûr que non, idiot !
- Bon, alors j'ai dû avaler un scarabée.

La maman dit à son fils :
- Tu as encore mis tes doigts sales sur la porte !
- C'est pas vrai ! Moi, justement, je l'ai ouverte avec le pied !

Papa est très concentré, sur son bureau de la salle à manger.

Ses deux fils s'approchent prudemment.
- Euh... papa ?
- Mmmh ?
- Est-ce qu'on doit attendre que tu aies fini de faire nos devoirs avant d'allumer la télé ?

Un homme ivre rentre chez lui tard dans la nuit, au moment où son horloge sonne trois coups.
Il la regarde d'un air mauvais en pestant :
- Je sais qu'il est une heure, pas besoin de le répéter trois fois !

Un beau gros lion, tout fier de son allure et de sa musculature, se promène dans la jungle. Il rencontre une antilope.
- Hé, l'antilope ! Qui est le roi des rois de la jungle ?
- Oh ! Seigneur, c'est vous, bien sûr, vous êtes le plus beau des rois de la jungle, bafouille l'antilope, tout effrayée.
- C'est bien, dit le lion en reprenant son chemin, plus fier qu'un coq.
Il croise bientôt un orang-outan.
- Hé, toi, l'orang-outan ! Qui est le roi des rois de la jungle ?
- Euh... c'est toi, Seigneur, bien évidemment ! Tu es le plus fort des animaux de ce royaume, répond l'orang-outan en tremblant de peur.
- C'est très bien, dit le lion en reprenant son chemin, la tête haute.
Il tombe soudain sur un éléphant.
- Hé, l'éléphant ! Qui est le roi des rois de la jungle ?

L'éléphant baisse la tête, attrape notre lion avec sa trompe, le secoue un peu, le laisse tomber au sol et l'écrase avec chacune de ses pattes, puis il s'en va sans rien dire.
Le lion se relève difficilement.
- Eh bien ! bougonne-t-il, si on peut même plus se renseigner...

Un Indien se présente au bureau de l'état civil et déclare vouloir changer de nom.
- Comment vous nommez-vous ? demande l'employé.

- Je m'appelle « Petit Oiseau Qui Vole Dans L'Air Calme Du Matin En Chantant Dans L'Azur ».
- Et comment souhaitez-vous vous nommer ?
- « Cui Cui ».

Une dame dispute son mari.
- Tu es vraiment fou de ta télé ! Tu ne penses plus qu'à ça !
- C'est faux, se défend le mari, je ne vois pas du tout pourquoi tu me dis ça !
- Parce que je viens de te dire à l'instant : « Viens voir le magnifique arc-en-ciel », et que tu m'as répondu : « Sur quelle chaîne ? ».

Un homme se promène en voiture en pleine campagne, lorsqu'il aperçoit un jeune cochon sauvage abandonné au milieu de la route. Il décide de prendre l'animal à bord de sa voiture et regagne la ville. Un policier l'arrête à un carrefour.
- Vous ne pouvez pas garder ce cochon dans votre véhicule. C'est interdit. Vous feriez mieux de l'emmener au zoo.
- C'est une bonne idée, réplique l'homme, ravi.
Le lendemain, au même carrefour, le même agent aperçoit le même cochon, dans la même voiture avec le même conducteur.
- Qu'est-ce que vous faites encore là avec cet animal ? Je vous ai dit de l'emmener au zoo !
- C'est ce que j'ai fait, répond l'automobiliste. Il a beaucoup aimé la visite. Et maintenant, je l'emmène voir un film au cinéma.

Un homme aux cheveux verts s'adresse à son magasin de bricolage favori.
- Bonjour, dit-il, je voudrais échanger mon pistolet à peinture contre un autre que je ne puisse pas confondre avec mon sèche-cheveux.

- Maman, tu peux m'apporter un verre d'eau ?
- Tais-toi, et dors ! Il est minuit !
- Mais j'ai soif !

- Tais-toi, ou je viens te donner une fessée !
- Maman, quand tu viendras me donner une fessée, tu pourras m'apporter un verre d'eau ?

Une voyante va dans un commissariat.
- Je viens porter plainte pour cambriolage.
- Quel jour a eu lieu le vol ? demande l'agent.
- Il aura lieu demain, répond la voyante. Je l'ai lu dans ma boule de cristal !

- Sophie, tu as encore mis tes chaussures à l'envers, dit une maman à sa petite fille de cinq ans.
- C'est pas vrai, c'est juste mes chaussures qui louchent !

Une petite fille de six ans se met à crier en pleine nuit :
- Maman ! Maman !
Tirée de son sommeil par ces cris, la maman accourt, complètement affolée.
- Qu'est-ce qu'il y a, ma chérie ? Tu as fait un cauchemar ? Tu as mal quelque part ?
- Non, maman, j'ai juste soif. Tu peux m'apporter de l'eau ?
Très mécontente, la mère sermonne l'enfant.
- Tu n'as pas honte de me faire une peur pareille en pleine nuit, juste pour un peu d'eau ?
- C'est vrai, maman, excuse-moi. Tu peux m'apporter un Soda ?

À une fête de village, une dame demande à Rémi :
- Comme tu es grand ! Tu as quel âge ?
- J'ai quatre ans.
- Quatre ans ! Tu es très grand, regarde, tu es plus grand que mon parapluie !
- Ah bon ? Il a quel âge, votre parapluie ?

Bastien va voir sa mamie.
- Mamie, si tu devines combien j'ai de bonbons dans la main, je te les donne tous les deux.
- Tu en as deux, répond la mamie.
- Oh ! Comment as-tu deviné ?

Dans la phrase : « Le voleur a été arrêté hier », où se trouve le sujet ?

(Réponse : en prison.)

TEMPÊTE : ouragan venant de se faire cambrioler cherche d'urgence stock de vents forts, d'éclairs fulgurants, de nuages noirs, de pluies violentes et de grêlons gros comme des pastèques.

ASSOCIATION : lecteur ne sachant pas écrire recherche écrivain ne sachant pas lire pour échange de services.

ENTRE PROS : renard échange ruses avec Sioux.

Un papa annonce une grande nouvelle à son fils :

- Paul, cette nuit, un ange a déposé une petite sœur pour toi. Tu veux la voir ?
- Non, non ! Mais j'aimerais bien voir l'ange, par contre.

- Le fakir démissionne ! s'indigne un directeur de cirque. Et pourquoi, il démissionne ?
- Parce qu'il ne veut plus travailler pour des clous.

Une jeune femme à une autre :
- Alors, toujours amoureuse de ton parachutiste ?
- Oh ! non, je l'ai laissé tomber.

Qu'est-ce que je ne peux pas écraser avec mon pied gauche ?

(Réponse : avec mon pied gauche, je ne peux pas écraser mon pied gauche !)

La maîtresse demande à Nicolas :
- Conjugue-moi le verbe « savoir » à tous les temps.
- Facile ! Je sais qu'il pleut, je sais qu'il neige, je sais qu'il fait beau.

Comment une danseuse étoile rentre-t-elle chez elle, tard le soir ?

(Réponse : sur la pointe des pieds.)

Quel est le futur de la phrase :
« Je suis très fatigué » ?

(Réponse : « Je dors. »)

Un élève dit à sa meilleure copine :

- Cette nuit, j'ai rêvé que j'embrassais la plus belle fille du monde sur la joue.
- Je te donnais une claque, j'espère !

Comment savoir si votre hamster est un hamster mâle ou un hamster femelle ?

- C'est simple : vous l'appelez. S'IL vient, c'est un mâle. Si ELLE vient, c'est une femelle.

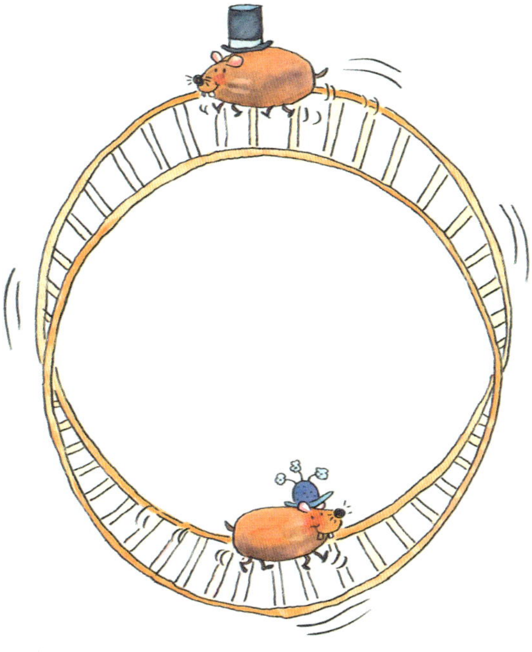

Les blagues de Noël

Maman demande à Julien :

- Ta sœur m'a dit que tu t'étais levé cette nuit pour guetter le père Noël ?

- Oui, m'man.

- Et tu l'as entendu ?

- Oui. J'ai surtout bien entendu tous les gros mots qu'il a dits quand il s'est cogné contre la table basse du salon !

Un enfant appelle son père à son bureau.
- Papa, est-ce que tu pourrais me trouver l'adresse e-mail du père Noël, sur Internet ?

IDÉE PRATIQUE :
Pour avoir plus de cadeaux le 25 décembre, mettez deux sapins au pied de la cheminée !

- Qu'est-ce que tu as demandé au père Noël, cette année ?
- Je lui ai demandé de passer plus souvent.

Marie, si tu n'écoutes pas, je vais demander au père Noël de t'apporter des nouvelles oreilles plutôt que des jouets !
- Oh oui, maman, demande-lui alors directement des oreilles avec des jolies boucles d'oreilles !

Devinette :
Combien de cadeaux le père Noël peut-il mettre dans une hotte vide ?

(Un seul - après avoir mis un cadeau, la hotte n'est plus vide !)